VORWORT

Die Sammlung "Alles wird gut!" von T&P Books ist für Menschen, die für Tourismus und Geschäftsreisen ins Ausland reisen. Die Sprachführer beinhalten, was am wichtigsten ist - die Grundlagen für eine grundlegende Kommunikation. Dies ist eine unverzichtbare Reihe von Sätzen um zu "überleben", während Sie im Ausland sind.

Dieser Sprachführer wird Ihnen in den meisten Fällen helfen, in denen Sie etwas fragen müssen, Richtungsangaben benötigen, wissen wollen wie viel etwas kostet usw. Es kann auch schwierige Kommunikationssituationen lösen, bei denen Gesten einfach nicht hilfreich sind.

Dieses Buch beinhaltet viele Sätze, die nach den wichtigsten Themen gruppiert wurden. Ein separater Teil des Buches bietet auch ein kleines Wörterbuch mit mehr als 1.500 wichtigen und nützlichen Wörtern. Das Wörterbuch beinhaltet eine praktische Transkription jedes Fremdworts.

Nehmen Sie den "Alles wird gut" Sprachführer mit Ihnen auf die Reise und Sie werden einen unersetzlichen Begleiter haben, der Ihnen helfen wird, Ihren Weg aus jeder Situation zu finden und Ihnen beibringen wird keine Angst beim Sprechen mit Ausländern zu haben.

INHALTSVERZEICHNIS

T&P Books Publishing

AUSSPRACHE

T&P phonetisches Alphabet	Armenisch Beispiel	Deutsch Beispiel
[a]	ճանաչել [čanačél]	schwarz
[ə]	փախսալ [pʰəspʰəsál]	halte
[e]	հեկտար [hektár]	Pferde
[ē]	էկրան [ēkrán]	essen
[i]	ֆիզիկոս [fizikós]	ihr, finden
[o]	շոկոլադ [šokolád]	orange
[u]	հույնուհի [hujnuhí]	kurz
[b]	բամբակ [bambák]	Brille
[d]	դադար [dadár]	Detektiv
[f]	ֆաբրիկա [fábrika]	fünf
[g]	գանգ [gang]	gelb
[j]	ջյույմ [djujm]	Jacke
[h]	հայուհի [hajuhí]	brauchbar
[x]	խախտել [xaxtél]	billig
[k]	կոճակ [kočák]	Kalender
[l]	փիլվել [pʰlvel]	Juli
[m]	մտածել [mtatsél]	Mitte
[t]	տաքսի [taksí]	still
[n]	նրանք [nrankʰ]	nicht
[r]	լար [lar]	richtig
[p]	պոմպ [pomp]	Polizei
[ġ]	տղամարդ [tġamárd]	uvulare Vibrant [R]
[s]	սոուս [soús]	sein
[ts]	ծանոթ [tsanótʰ]	Gesetz
[v]	վոստիկան [vostikán]	November
[z]	զանգ [zang]	sein
[kʰ]	երեք [erékʰ]	Flughafen
[pʰ]	փրկել [pʰrkel]	Abhang
[tʰ]	թատրոն [tʰatrón]	Mädchen
[tsʰ]	ակնոց [aknótsʰ]	Staatshymne
[ʒ]	ժամանակ [ʒamanák]	Regisseur
[dz]	օձիկ [odzíkʰ]	Nordsee
[dʒ]	հաջող [hadʒóġ]	Kambodscha
[č]	վիճել [vičél]	Matsch

5

T&P phonetisches Alphabet	Armenisch Beispiel	Deutsch Beispiel
[š]	շահույթ [šahújtʰ]	Chance
[']	բացակ [baʒák]	Hauptbetonung

Reisesprachführersammlung
"Alles wird gut!"

T&P Books Publishing

SPRACHFÜHRER
- ARMENISCH -

Die nützlichsten Wörter und Sätze

Dieser Sprachführer beinhaltet die häufigsten Sätze und Fragen, die für die grundlegende Kommunikation mit Ausländern benötigt wird

Andrey Taranov

T&P BOOKS

Sprachführer + Wörterbuch mit 1500 Wörtern

Sprachführer Deutsch-Armenisch und Kompaktwörterbuch mit 1500 Wörtern

Von Andrey Taranov

Die Sammlung "Alles wird gut!" von T&P Books ist für Menschen, die für Tourismus und Geschäftsreisen ins Ausland reisen. Die Sprachführer beinhalten, was am wichtigsten ist - die Grundlagen für eine grundlegende Kommunikation. Dies ist eine unverzichtbare Reihe von Sätzen um zu "überleben", während Sie im Ausland sind.

Ein weiterer Teil des Buches bietet auch ein kleines Wörterbuch mit über 1.500 alphabetisch angeordneten, nützlichen Wörtern. Das Wörterbuch beinhaltet viele gastronomische Begriffe und wird Ihnen hilfreich bei der Bestellung von Essen in einem Restaurant oder beim Kauf von Lebensmitteln im Lebensmittelgeschäft sein.

T&P Books Publishing
www.tpbooks.com

ISBN: 978-1-78492-493-5

Dieses Buch ist auch im E-Book Format erhältlich.
Besuchen Sie uns auch auf www.tpbooks.com oder auf einer der bedeutenden Buchhandlungen online.

LISTE DER ABKÜRZUNGEN

Deutsch. Abkürzungen

Adj	-	Adjektiv
Adv	-	Adverb
Amtsspr.	-	Amtssprache
f	-	Femininum
f, n	-	Femininum, Neutrum
Fem.	-	Femininum
m	-	Maskulinum
m, f	-	Maskulinum, Femininum
m, n	-	Maskulinum, Neutrum
Mask.	-	Maskulinum
n	-	Neutrum
pl	-	Plural
Sg.	-	Singular
ugs.	-	umgangssprachlich
unzähl.	-	unzählbar
usw.	-	und so weiter
v mod	-	Modalverb
vi	-	intransitives Verb
vi, vt	-	intransitives, transitives Verb
vt	-	transitives Verb
zähl.	-	zählbar
z.B.	-	zum Beispiel

Armenisch. Interpunktion

՛	-	Ausrufezeichen
՞	-	Fragezeichen
,	-	Komma

ARMENISCHER SPRACHFÜHRER

Dieser Teil beinhaltet
wichtige Sätze, die sich in
verschiedenen realen
Situationen als nützlich
erweisen können.
Der Sprachführer wird Ihnen
dabei helfen nach dem Weg
zu fragen, einen Preis
zu klären, Tickets zu kaufen
und Essen in einem
Restaurant zu bestellen.

T&P Books Publishing

INHALT SPRACHFÜHRER

T&P Books Publishing

Entschuldigen Sie bitte, …	Ներեցէք, … [nereʦʰékʰ, …]
Hallo.	Բարև Ձեզ: [barév dzez]
Danke.	Շնորհակալություն: [šnorhakaluʦʰjún]
Auf Wiedersehen.	Ցտեսություն: [ʦʰtesuʦʰjún]
Ja.	Այո: [ajó]
Nein.	Ոչ: [voč]
Ich weiß nicht.	Ես չգիտեմ: [es čgitém]
Wo? | Wohin? | Wann?	Ո՞րտեղ: | Ո՞ւր: | Ե՞րբ: [vórteg? | ur? | erb?]

Ich brauche …	Ինձ հարկավոր է … [indz harkavór é …]
Ich möchte …	Ես ուզում եմ … [es uzúm em …]
Haben Sie …?	Դուք ունե՞ք …: [dukʰ unékʰ …?]
Gibt es hier …?	Այստեղ կա՞ …: [ajstég ka …?]
Kann ich …?	Ես կարո՞ղ եմ …: [es karóg em …?]
Bitte (anfragen)	Խնդրում եմ [xndrum em]

Ich suche …	Ես փնտրում եմ … [es pʰntrum em …]
die Toilette	զուգարան [zugarán]
den Geldautomat	բանկոմատ [bankomát]
die Apotheke	դեղատուն [degatún]
das Krankenhaus	հիվանդանոց [hivandanóʦʰ]
die Polizeistation	ոստիկանության բաժանմունք [vostikanuʦʰján bažanmúnkʰ]
die U-Bahn	մետրո [metró]

das Taxi	տաքսի [takʰsí]
den Bahnhof	կայարան [kajarán]

Ich heiße …	Իմ անունը … է: [im anúnə … ē]
Wie heißen Sie?	Ձեր անունն ի՞նչ է: [dzer anúnn inč e?]
Helfen Sie mir bitte.	Օգնեցեք ինձ, խնդրեմ: [ognetsʰékʰ indz, xndrem]
Ich habe ein Problem.	Ես խնդիր ունեմ: [es xndir uném]
Mir ist schlecht.	Ես ինձ վատ եմ զգում: [es indz vat em zgúm]
Rufen Sie einen Krankenwagen!	Շտապ օգնություն'ն կանչեք: [štap ognutʰjún kančékʰ]
Darf ich telefonieren?	Կարո՞ղ եմ զանգահարել: [karóg em zángaharél?]

Entschuldigung.	Ներեցեք [neretsʰékʰ]
Keine Ursache.	Խնդրեմ [xndrem]

ich	Ես [es]
du	դու [du]
er	նա [na]
sie	նա [na]
sie (Pl, Mask.)	նրանք [nrankʰ]
sie (Pl, Fem.)	նրանք [nrankʰ]
wir	մենք [menkʰ]
ihr	դուք [dukʰ]
Sie	Դուք [nrankʰ]

EINGANG	ՄՈՒՏՔ [mutkʰ]
AUSGANG	ԵԼՔ [elkʰ]
AUßER BETRIEB	ՉԻ ԱՇԽԱՏՈՒՄ [či ašxatúm]
GESCHLOSSEN	ՓԱԿ Է [pʰak ē]

OFFEN	ԲԱՑ Է
	[batsʰ ē]
FÜR DAMEN	ԿԱՆԱՆՑ ՀԱՄԱՐ
	[kanántsʰ hamár]
FÜR HERREN	ՏՂԱՄԱՐԴԿԱՆՑ ՀԱՄԱՐ
	[tġamardkántsʰ hamár]

Fragen

Wo?
Որտե՞ղ:
[vortéġ?]

Wohin?
Ո՞ւր:
[ur?]

Woher?
Որտեղի՞ց:
[vorteġítsʰ?]

Warum?
Ինչո՞ւ:
[inčú?]

Wozu?
Ինչի՞ համար:
[inčí hamar?]

Wann?
Ե՞րբ:
[erb?]

Wie lange?
Ինչքա՞ն ժամանակ:
[inčkʰán žamanák?]

Um wie viel Uhr?
Ժամը քանիսի՞ն:
[žámə kʰanisín?]

Wie viel?
Ի՞նչ արժե:
[inč aržé?]

Haben Sie ...?
Դուք ունե՞ք ...:
[dukʰ unékʰ ...?]

Wo befindet sich ...?
Որտե՞ղ է գտնվում ...:
[vortéġ ē gtnvum ...?]

Wie spät ist es?
Ժամը քանի՞սն է:
[žámə kʰanísn ē?]

Darf ich telefonieren?
Կարո՞ղ եմ զանգահարել:
[karóġ em zangaharél?]

Wer ist da?
Ո՞վ է:
[ov ē?]

Darf ich hier rauchen?
Կարո՞ղ եմ այստեղ ծխել:
[karóġ em ajstéġ tsχel?]

Darf ich ...?
Ես կարո՞ղ եմ ...:
[es karóġ em ...?]

Bedürfnisse

Ich hätte gerne ...	Ես կուզենայի ... [es kuzenají ...]
Ich will nicht ...	Ես չեմ ուզում ... [es čem uzúm ...]
Ich habe Durst.	Ես ծարավ եմ: [es tsaráv em]
Ich möchte schlafen.	Ես ուզում եմ քնել: [es uzúm em khnel]

Ich möchte ...	Ես ուզում եմ ... [es uzúm em ...]
abwaschen	լվացվել [lvatshvél]
mir die Zähne putzen	ատամներս մաքրել [atamnérs makhrél]
eine Weile ausruhen	մի քիչ հանգստանալ [mi khič hangstanál]
meine Kleidung wechseln	շորերս փոխել [šorérs phoxél]

zurück ins Hotel gehen	վերադառնալ հյուրանոց [veradarnál hjuranótsh]
kaufen ...	գնել ... [gnel ...]
gehen ...	գնալ ... [gnal ...]
besuchen ...	այցելել ... [ajtshelél ...]
treffen ...	հանդիպել ... հետ [handipél ... het]
einen Anruf tätigen	զանգահարել [zangaharél]

Ich bin müde.	Ես հոգնել եմ: [es hognél em]
Wir sind müde.	Մենք հոգնել ենք: [menk hognél enkh]
Mir ist kalt.	Ես մրսում եմ: [es mrsum em]
Mir ist heiß.	Ես շոգում եմ: [es šogúm em]
Mir passt es.	Ես լավ եմ: [es lav em]

Ich muss telefonieren.

Ես պետք է զանգահարեմ:
[es petkʰ ē zangaharém]

Ich muss auf die Toilette.

Ես զուգարան եմ ուզում:
[es zugarán em uzúm]

Ich muss gehen.

Գնալու ժամանակն է:
[gnalús ʒamanákn ē]

Ich muss jetzt gehen.

Ես պետք է գնամ:
[es petkʰ ē gnam]

Wie man nach dem Weg fragt

Entschuldigen Sie bitte, ...	Ներեցեք, ... [nerets'ék', ...]
Wo befindet sich ...?	Որտե՞ղ է գտնվում ... [vortég é gtnvum ...?]
Welcher Weg ist ...?	Ո՞ր ուղղությամբ է գտնվում ... [vor uġġut'jámb é gtnvum ...?]
Könnten Sie mir bitte helfen?	Օգնեցեք ինձ, խնդրեմ: [ognets'ék' indz, xndrem]

Ich suche ...	Ես փնտրում եմ ... [es p'ntrum em ...]
Ich suche den Ausgang.	Ես փնտրում եմ ելքը: [es p'ntrum em élk'ə]
Ich fahre nach ...	Ես գնում եմ ... [es gnum em ...]
Gehe ich richtig nach ...?	Ես ճի՞շտ եմ գնում ...: [es čišt em gnum ...?]

Ist es weit?	Դա հեռո՞ւ է: [da hērú é?]
Kann ich dort zu Fuß hingehen?	Ես կհասնե՞մ այնտեղ ոտքով: [es khasném ajntég votk'óv?]
Können Sie es mir auf der Karte zeigen?	Ցույց տվեք ինձ քարտեզի վրա, խնդրում եմ: ts'ujts' tvek' indz kartezí vra, xndrum em]
Zeigen Sie mir wo wir gerade sind.	Ցույց տվեք՝ որտեղ ենք մենք հիմա: [ts'ujts' tvek', vortég enk' menk' himá]

Hier	Այստեղ [ajstég]
Dort	Այնտեղ [ajntég]
Hierher	Այստեղ [ajstég]

Biegen Sie rechts ab.	Թեքվեք աջ: [t'ekvék' ač]
Biegen Sie links ab.	Թեքվեք ձախ: [t'ekvék' dzáx]
erste (zweite, dritte) Abzweigung	առաջին (երկրորդ, երրորդ) շրջադարձ [aračín (erkrórd, errórd) šrdžadárts]
nach rechts	դեպի աջ [depi ač]

nach links   **դեպի ձախ**
                                       [depi dzaχ]

Laufen Sie geradeaus.   **Գնացեք ուղիղ:**
                                         [gnatsʰékʰ ugíg]

Schilder

HERZLICH WILLKOMMEN!	ԲԱՐԻ ԳԱԼՈՒՍՏ: [barí galúst!]
EINGANG	ՄՈՒՏՔ [mutk^h]
AUSGANG	ԵԼՔ [elk^h]

DRÜCKEN	ԴԵՊԻ ՆԵՐՍ [depí ners]
ZIEHEN	ԴԵՊԻ ԴՈՒՐՍ [depí durs]
OFFEN	ԲԱՑ Է [bats^h ē]
GESCHLOSSEN	ՓԱԿ Է [p^hak ē]

FÜR DAMEN	ԿԱՆԱՆՑ ՀԱՄԱՐ [kanánts^h hamár]
FÜR HERREN	ՏՂԱՄԱՐԴԿԱՆՑ ՀԱՄԱՐ [tġamardkánts^h hamár]
HERREN-WC	ՏՂԱՄԱՐԴԿԱՆՑ ՋՈՒԳԱՐԱՆ [tġamardkánts^h zugarán]
DAMEN-WC	ԿԱՆԱՆՑ ՋՈՒԳԱՐԱՆ [kanánts^h zugarán]

RABATT | REDUZIERT	ԶԵՂՉ [zeġč]
AUSVERKAUF	ԻՊԱՌ ՎԱՃԱՌՔ [ispár vačárk^h]
GRATIS	ԱՆՎՃԱՐ [anvčár]
NEU!	ՆՈՐՈՒՅԹ [norújt^h]
ACHTUNG!	ՈՒՇԱԴՐՈՒԹՅՈՒՆ [ušadrut^hjún]

KEINE ZIMMER FREI	ԱԶԱՏ ՀԱՄԱՐՆԵՐ ՉԿԱՆ [azát hamarnér čkan]
RESERVIERT	ՊԱՏՎԻՐՎԱԾ Է [patvirváts ē]
VERWALTUNG	ԱԴՄԻՆԻՍՏՐԱՑԻԱ [administrats^hiá]
NUR FÜR PERSONAL	ՄԻԱՅՆ ԱՆՁՆԱԿԱԶՄԻ ՀԱՄԱՐ [miájn andznakazmí hamár]

BISSIGER HUND	ԿԱՏԱՂԱԾ ՇՈՒՆ
	[kataǵáts šun]
RAUCHEN VERBOTEN!	ՉԾԽԵ՛Լ
	[čtsχel]
NICHT ANFASSEN!	ՁԵՌՔԵՐՈՎ ՉԴԻՊՉԵԼ
	[dzerkʰeróv čdipčél]
GEFÄHRLICH	ՎՏԱՆԳԱՎՈՐ Է
	[vtangavór ē]
GEFAHR	ՎՏԱՆԳ
	[vtang]
HOCHSPANNUNG	ԲԱՐՁՐ ԼԱՐՈՒՄ
	[bartsr larúm]
BADEN VERBOTEN	ԼՈՂԱԼՆ ԱՐԳԵԼՎՈՒՄ Է
	[loǵáln argelvúm ē]

AUßER BETRIEB	ՉԻ ԱՇԽԱՏՈՒՄ
	[či ašχatúm]
LEICHTENTZÜNDLICH	ԴՅՈՒՐԱՎԱՌ Է
	[djuravár ē]
VERBOTEN	ԱՐԳԵԼՎԱԾ Է
	[argelváts ē]
DURCHGANG VERBOTEN	ՄՈՒՏՔՆ ԱՐԳԵԼՎԱԾ Է
	[mutkʰn argelváts ē]
FRISCH GESTRICHEN	ՆԵՐԿՎԱԾ Է
	[nerkváts ē]

WEGEN RENOVIERUNG GESCHLOSSEN	ՓԱԿՎԱԾ Է ՎԵՐԱՆՈՐՈԳՄԱՆ
	[pʰakváts ē veranorogmán]
ACHTUNG BAUARBEITEN	ՎԵՐԱՆՈՐՈԳՄԱՆ ԱՇԽԱՏԱՆՔՆԵՐ
	[veranorogmán ašχatankʰnér]
UMLEITUNG	ՇՐՋԱՆՑՈՒՄ
	[šrdʒantsʰúm]

Transport - Allgemeine Phrasen

Flugzeug	ինքնաթիռ [inkʰnatʰír]
Zug	գնացք [gnatsʰkʰ]
Bus	ավտոբուս [avtobús]
Fähre	լաստանավ [lastanáv]
Taxi	տաքսի [takʰsí]
Auto	ավտոմեքենա [avtomekʰená]

Zeitplan	չվացուցակ [čvatsʰutsʰák]
Wo kann ich den Zeitplan sehen?	Որտե՞ղ կարելի է նայել չվացուցակը: [vortég karelí e najél čvatsʰutsʰákə?]
Arbeitstage	աշխատանքային օրեր [ašxatankʰajín orér]
Wochenenden	հանգստյան օրեր [hangstsján orér]
Ferien	տոնական օրեր [tonakán orér]

ABFLUG	ՄԵԿՆՈՒՄ [meknúm]
ANKUNFT	ԺԱՄԱՆՈՒՄ [ʒamanúm]
VERSPÄTET	ՈՒՇԱՑՈՒՄ [ušatsʰúm]
GESTRICHEN	ՉԵՂՅԱԼ [čeǧjál]

nächste (Zug, usw.)	հաջորդ [hadʒórd]
erste	առաջին [aračín]
letzte	վերջին [verčín]

Wann kommt der Nächste ...?	Ե՞րբ է լինելու հաջորդ ...: [erb e linelú hadʒórd ...?]
Wann kommt der Erste ...?	Ե՞րբ է մեկնում առաջին ...: [erb e meknúm aračín ...?]

22

Wann kommt der Letzte …?

Ե՞րբ է մեկնում վերջին …:
[erb ē meknúm verčín …?]

Transfer

նստափոխ
[nstapʰòχ]

einen Transfer machen

նստափոխ կատարել
[nstapʰòχ katarél]

Muss ich einen Transfer machen?

Ես պետք է նստափո՞խ կատարեմ:
[es petkʰ ē nstapʰóχ katarém?]

Eine Fahrkarte kaufen

Wo kann ich Fahrkarten kaufen?	Որտե՞ղ կարող եմ տոմսեր գնել։ [vortég károg em tomsér gnel?]
Fahrkarte	տոմս [toms]
Eine Fahrkarte kaufen	տոմս գնել [toms gnel]
Fahrkartenpreis	տոմսի արժեքը [tomsí arʒékʰə]

Wohin?	Ո՞ւր։ [ur?]
Welche Station?	Մինչև ո՞ր կայարան։ [minčév vor kajarán?]
Ich brauche ...	Ինձ հարկավոր է ... [indz harkavór ě ...]
eine Fahrkarte	մեկ տոմս [mek toms]
zwei Fahrkarten	երկու տոմս [erkú toms]
drei Fahrkarten	երեք տոմս [erékʰ toms]

in eine Richtung	մեկ ուղղությամբ [mek uggutʰjámb]
hin und zurück	վերադարձով [veradarʦóv]
erste Klasse	առաջին դաս [aračín das]
zweite Klasse	երկրորդ դաս [erkrórd das]

heute	այսօր [ajsór]
morgen	վաղը [vágə]
übermorgen	վաղը չէ մյուս օրը [vágə čě mjus órə]
am Vormittag	առավոտյան [aravotján]
am Nachmittag	ցերեկը [ʦʰerékə]
am Abend	երեկոյան [erekoján]

Gangplatz

տեղ միջանցքի մոտ
[teǵ midʒants⁷k⁷í mot]

Fensterplatz

տեղ պատուհանի մոտ
[teǵ patuhaní mot]

Wie viel?

Ինչքա՞ն:
[inčk⁷án?]

Kann ich mit Karte zahlen?

Կարո՞ղ եմ վճարել քարտով:
[karóǵ em včarél k⁷artóv?]

Bus

Bus	ավտոբուս [avtobús]
Fernbus	միջքաղաքային ավտոբուս [midӡkagakʰajin avtobús]
Bushaltestelle	ավտոբուսի կանգառ [avtobúsi kangár]
Wo ist die nächste Bushaltestelle?	Որտե՞ղ է մոտակա ավտոբուսի կանգառը: vortég ē motaká avtobusí kangárə?]

Nummer	համար [hamár]
Welchen Bus nehme ich um nach ... zu kommen?	Ո՞ր ավտոբուսն է գնում մինչև ...: [vor avtobúsn ē gnúm minčév ...?]
Fährt dieser Bus nach ...?	Այս ավտոբուսը գնու՞մ է մինչև ...: [ajs avtobúsə gnúm ē minčév ...?]
Wie oft fahren die Busse?	Որքա՞ն հաճախ են երթևեկում ավտոբուսները: vorkʰán hačáχ en ertevekum avtobusnérə?]

alle fünfzehn Minuten	յուրաքանչյուր տասնհինգ րոպեն մեկ [jurakʰančjúr tasnhíng ropén mek]
jede halbe Stunde	յուրաքանչյուր կեսժամը մեկ [jurakʰančúr kes ӡámə mek]
jede Stunde	յուրաքանչյուր ժամը մեկ [jurakʰančúr ӡámə mek]
mehrmals täglich	օրեկան մի քանի անգամ [órekán mi kʰáni angám]
... Mal am Tag	օրեկան ... անգամ [órekán ... angám]

Zeitplan	չվացուցակ [čvaҫʰuҫʰák]
Wo kann ich den Zeitplan sehen?	Որտե՞ղ կարելի է նայել չվացուցակը: [vortég karelí ē najél čvaҫʰuҫʰákə?]
Wann kommt der nächste Bus?	Ե՞րբ է լինելու հաջորդ ավտոբուսը: [erb ē linelú hadӡórd avtobúsə?]
Wann kommt der erste Bus?	Ե՞րբ է մեկնում առաջին ավտոբուսը: [erb ē meknúm aračín avtobúsə?]
Wann kommt der letzte Bus?	Ե՞րբ է մեկնում վերջին ավտոբուսը: [erb ē meknúm verčín avtobúsə?]

Halt

կանգառ
[kangár]

Nächster Halt

հաջորդ կանգառ
[hadჳórd kangár]

Letzter Halt

վերջին կանգառ
[verčín kangár]

Halten Sie hier bitte an.

Կանգնեք այստեղ, խնդրում եմ:
[kangnékʰ ajstéǵ, χndrúm em]

Entschuldigen Sie mich,
dies ist meine Haltestelle.

Թույլ տվեք, սա իմ կանգառն է:
[tʰujl tvekʰ, sa im kangárn ē]

Zug

Zug
գնացք
[gnatsʰkʰ]

S-Bahn
մերձքաղաքային գնացք
[merdzkaġakajín gnatsʰkʰ]

Fernzug
հեռագնաց գնացք
[heragnátsʰ gnatsʰkʰ]

Bahnhof
կայարան
[kajarán]

Entschuldigen Sie bitte,
wo ist der Ausgang zum Bahngleis?
Ներեցեք, որտե՞ղ
է ելքը դեպի գնացքները:
neretsʰékʰ, vortég
ē élkə depí gnatsʰkʰnérə?]

Fährt dieser Zug nach ...?
Այս գնացքը գնո՞ւմ է մինչև ...:
[ajs gnátsʰkʰə gnum ē minčév ...?]

nächste Zug
հաջորդ գնացքը
[hadʒórd gnátsʰkʰə]

Wann kommt der nächste Zug?
Ե՞րբ է լինելու հաջորդ գնացքը:
[erb ē linelú hadʒórd gnátsʰkʰə?]

Wo kann ich den Zeitplan sehen?
Որտե՞ղ կարելի է նայել չվացուցակը:
[vortég karelí ē najél čvatsʰutsʰákə?]

Von welchem Bahngleis?
Ո՞ր հարթակից:
[vor hartʰakítsʰ?]

Wann kommt der Zug in ... an?
Ե՞րբ է գնացքը ժամանում ...:
[erb ē gnátsʰkʰə ʒamanúm ...?]

Helfen Sie mir bitte.
Օգնեցեք ինձ, խնդրեմ:
[ognetsʰékʰ indz, χndrem]

Ich suche meinen Platz.
Ես փնտրում եմ իմ տեղը:
[es pʰntrum em im tégə]

Wir suchen unsere Plätze.
Մենք փնտրում ենք մեր տեղերը:
[menkʰ pʰntrúm enkʰ mer teghérə]

Unser Platz ist besetzt.
Իմ տեղը զբաղված է:
[im tégə zbaġváts ē]

Unsere Plätze sind besetzt.
Մեր տեղերը զբաղված են:
[mer tegérə zbaġváts en]

Entschuldigen Sie,
aber das ist mein Platz.
Ներեցեք, խնդրում եմ,
բայց սա իմ տեղն է:
neretsʰékʰ, χndrum ēm,
bajtsʰ sa im tegn ē]

Ist der Platz frei?

Darf ich mich hier setzen?

Այս տեղն ազա՞տ է:
[ajs tegn azát ē?]

Կարո՞ղ եմ այստեղ նստել:
[karóg em ajstég nstel?]

Im Zug - Dialog (Keine Fahrkarte)

Fahrkarte bitte.
Ձեր տոմսը, խնդրեմ:
[dzer tómsə, χndrem]

Ich habe keine Fahrkarte.
Ես տոմս չունեմ:
[es toms čuném]

Ich habe meine Fahrkarte verloren.
Ես կորցրել եմ իմ տոմսը:
[es korts⁀rél em im tómsə]

Ich habe meine Fahrkarte
zuhause vergessen.
Ես մոռացել եմ իմ տոմսը տանը:
[es morats⁀él em im tómsə tánə]

Sie können von mir
eine Fahrkarte kaufen.
Դուք կարող եք գնել տոմս ինձանից:
[duk⁀ karóg ek⁀ gnel toms indzaníts⁀]

Sie werden auch eine Strafe zahlen.
Նաև դուք պետք է վճարեք տուգանք:
[naév duk⁀ petk⁀ ē včarék⁀ tugánk⁀]

Gut.
Լավ:
[lav]

Wohin fahren Sie?
Ո՞ւր եք մեկնում:
[ur ek⁀ meknúm?]

Ich fahre nach ...
Ես գնում եմ մինչև ...
[es gnum em minčév ...]

Wie viel? Ich verstehe nicht.
Ինչքա՞ն: Ես չեմ հասկանում:
[inčk⁀án? es čem haskanúm]

Schreiben Sie es bitte auf.
Գրեք, խնդրում եմ:
[grek⁀, χndrum em]

Gut. Kann ich mit Karte zahlen?
Լավ: Կարո՞ղ եմ վճարել քարտով:
[lav karóg em včarél k⁀artóv?]

Ja, das können Sie.
Այո, կարող եք:
[ajó, karóg ek⁀]

Hier ist ihre Quittung.
Ահա ձեր անդորրագիրը:
[ahá dzer andorragírə]

Tut mir leid wegen der Strafe.
Ցավում եմ տուգանքի համար:
[ts⁀avúm em tugánk⁀í hamár]

Das ist in Ordnung. Es ist meine Schuld.
Ոչինչ: Դա իմ մեղքն է:
[vočínč. da im megk⁀n ē]

Genießen Sie Ihre Fahrt.
Հաճելի ճանապարհորդություն:
[hačelí čanaparhordut⁀jún]

Taxi

Taxi	տաքսի [takʰsí]
Taxifahrer	տաքսու վարորդ [takʰsú varórd]
Ein Taxi nehmen	տաքսի բռնել [takʰsí brnel]
Taxistand	տաքսու կանգառ [takʰsú kangár]
Wo kann ich ein Taxi bekommen?	Որտե՞ղ կարող եմ տաքսի վերցնել: [vortég karóġ em takʰsí vertsʰnél?]
Ein Taxi rufen	տաքսի կանչել [takʰsí kančél]
Ich brauche ein Taxi.	Ինձ տաքսի է հարկավոր: [indz takʰsí ē harkavór]
Jetzt sofort.	Հենց հիմա: [hentsʰ híma]
Wie ist Ihre Adresse? (Standort)	Ձեր հասցե՞ն: [dzer hastsʰén?]
Meine Adresse ist …	Իմ հասցեն … [im hastsʰén …]
Ihr Ziel?	Ո՞ւր եք գնալու: [ur ekʰ gnalú?]
Entschuldigen Sie bitte, …	Ներեցեք, … [neretsʰékʰ, …]
Sind Sie frei?	Ազա՞տ եք: [azát ekʰ?]
Was kostet die Fahrt nach …?	Ի՞նչ արժե հասնել մինչև …: [inč aržé hasnél minčév …?]
Wissen Sie wo es ist?	Դուք գիտե՞ք որտեղ է դա: [dukʰ gitékʰ vortég ē da?]
Flughafen, bitte.	Օդանավակայան, խնդրում եմ: [odanavakaján, χndrum em]
Halten Sie hier bitte an.	Կանգնեցրեք այստեղ, խնդրում եմ: [kangnetsʰrékʰ ajstég, ġndrum em]
Das ist nicht hier.	Դա այստեղ չէ: [da ajstég čē]
Das ist die falsche Adresse.	Դա սխալ հասցե է: [da sχal hastsʰé ē]
nach links	դեպի ձախ [depi dzaχ]
nach rechts	դեպի աջ [depi ač]

Was schulde ich Ihnen?

Ich würde gerne
ein Quittung haben, bitte.

Stimmt so.

Որքա՞ն պետք է վճարեմ:
[vorkʰán petkʰ ē včarém?]

Տվեք ինձ չեքը, խնդրում եմ:
[tvekʰ indz čekʰə, χndrum em]

Մանրը պետք չէ:
[mánrə petkʰ čē]

Warten Sie auf mich bitte

fünf Minuten

zehn Minuten

fünfzehn Minuten

zwanzig Minuten

eine halbe Stunde

Սպասեք ինձ, խնդրում եմ:
[spasékʰ indz, χndrum em]

հինգ րոպե
[hing ropé]

տաս րոպե
[tas ropé]

տասնհինգ րոպե
[tasnhíng ropé]

քսան րոպե
[kʰsan ropé]

կես ժամ
[kes ʒam]

Hotel

Guten Tag.	Բարև Ձեզ։ [barév dzez]
Mein Name ist ...	Իմ անունը ... է։ [im anúnə ... ē]
Ich habe eine Reservierung.	Ես հսմար եմ ամրագրել։ [es hamár em amragrél]
Ich brauche ...	Ինձ հարկավոր է ... [indz harkavór ē ...]
ein Einzelzimmer	մեկտեղանոց համար [mekteǧanótsʰ hamár]
ein Doppelzimmer	երկտեղանոց համար [erkteǧanótsʰ hamár]
Wie viel kostet das?	Որքա՞ն այն արժե՞։ [vorkʰán ajn arʒé?]
Das ist ein bisschen teuer.	Դա մի քիչ թանկ է։ [da mi kʰíč tʰank ē]
Haben Sie sonst noch etwas?	Ունե՞ք որևէ այլ տարբերակ։ [unékʰ vórevē ajl tarberák?]
Ich nehme es.	Ես դա կվերցնեմ։ [es da kvertsʰném]
Ich zahle bar.	Ես կանխիկ կվճարեմ։ [es kanχík kvčarém]
Ich habe ein Problem.	Ես խնդիր ունեմ։ [es χndir uném]
Mein ... ist kaputt.	Իմ ... փչացել է։ [im ... pʰčatsʰél ē]
Mein ... ist außer Betrieb.	Իմ ... չի աշխատում։ [im ... či ašχatúm]
Fernseher	հեռուստացույցը [herustatsʰújtsʰə]
Klimaanlage	օդորակիչը [odorakíčə]
Wasserhahn	ծորակը [tsorákə]
Dusche	ցնցուղը [tsʰntsʰúǧə]
Waschbecken	լվացարանը [lvatsʰaránə]
Safe	չհրկիզվող պահարանը [čhrkizvóǧ paháránə]

33

Türschloss	կողպեքը [kogpékʰə]
Steckdose	վարդակը [vardákə]
Föhn	ֆենը [fénə]

Ich habe kein …	Ես … չունեմ: [es … čuném]
Wasser	ջուր [dʒúr]
Licht	լույս [lújs]
Strom	հոսանք [hosankʰ]

Können Sie mir … geben?	Կարո՞ղ եք ինձ տալ …: [karóǧ ékʰ indz tal …?]
ein Handtuch	սրբիչ [srbíč]
eine Decke	ծածկոց [tsatskótsʰ]
Hausschuhe	հողաթափեր [hogatʰapʰér]
einen Bademantel	խալաթ [xalátʰ]
etwas Shampoo	շամպուն [šampún]
etwas Seife	օճառ [očár]

Ich möchte ein anderes Zimmer haben.	Ես կցանկանայի փոխել համարս: [es ktsʰankanáji pʰoxél hamárs]
Ich kann meinen Schlüssel nicht finden.	Ես չեմ կարողանում գտնել իմ բանալին: [es čem karoǧanúm gtnel im banalín]
Machen Sie bitte meine Tür auf	Խնդրում եմ, բացեք իմ համարը: [xndrum em batsʰékʰ im hamárə]
Wer ist da?	Ո՞վ է: [ov ē?]
Kommen Sie rein!	Մտե՛ք: [mtekʰ!]
Einen Moment bitte!	Մեկ րոպե՛: [mek ropé!]
Nicht jetzt bitte.	Խնդրում եմ, հիմա չէ: [xndrum em, híma čē]

Kommen Sie bitte in mein Zimmer.	Խնդրում եմ, ինձ մոտ մտեք: [xndrum em, indz mot mtekʰ]
Ich würde gerne Essen bestellen.	Ես ուզում եմ ուտելիք համար պատվիրել: es uzúm em utelíkʰ hamár patvirél]

Meine Zimmernummer ist …	Իմ սենյակի համարը … է: [im senjakí hamárə … ē]
Ich reise … ab.	Ես մեկնում եմ … [es meknúm em …]
Wir reisen … ab.	Մենք մեկնում ենք … [menkʰ meknúm enkʰ …]
jetzt	հիմա [híma]
diesen Nachmittag	այսօր ճաշից հետո [ajsór čašíts^h hetó]
heute Abend	այսօր երեկոյան [ajsór erekoján]
morgen	վաղը [vágə]
morgen früh	վաղն առավոտյան [vagn aravotján]
morgen Abend	վաղը երեկոյան [vágə erekoján]
übermorgen	վաղը չէ մյուս օրը [vágə čē mjus órə]

Ich möchte die Zimmerrechnung begleichen.	Ես կուզենայի հաշիվը փակել: [es kuzenáji hašívə pʰakél]
Alles war wunderbar.	Ամեն ինչ հոյակապ էր: [amén inč hojakáp ē]
Wo kann ich ein Taxi bekommen?	Որտե՞ղ կարող եմ տաքսի վերցնել: [vortéġ karóġ em tak^hsí verts^hnél?]
Würden Sie bitte ein Taxi für mich holen?	Ինձ համար տաքսի կանչեք, խնդրում եմ: [indz hamár tak^hsí kančékʰ, χndrum em]

Restaurant

Könnte ich die Speisekarte sehen bitte?	Կարո՞ղ եմ նայել ձեր ճաշացանկը: [karóġ em naél dzer čašatsʰánkə?]
Tisch für einen.	Սեղան մեկ հոգու համար: [seġán mek hoġú hamár]
Wir sind zu zweit (dritt, viert).	Մենք երկուսով (երեքով, չորսով) ենք: [menkʰ erkusóv (erekʰóv, čorsóv) enkʰ]

Raucher	Ծխողների համար [tsxoġnerí hamár]
Nichtraucher	Չծխողների համար [čtsxoġnerí hamár]
Entschuldigen Sie mich! (Einen Kellner ansprechen)	Մոտեցե՛ք խնդրեմ: [motetsʰékʰ xndrém!]
Speisekarte	Ճաշացանկ [čašatsʰánk]
Weinkarte	Գինետրարտ [ginekʰárt]
Die Speisekarte bitte.	Ճաշացանկը, խնդրեմ: [čašatsʰánkə, xndrém]

Sind Sie bereit zum bestellen?	Պատրա՞ստ եք պատվիրել: [patrást ekʰ patvirél?]
Was würden Sie gerne haben?	Ի՞նչ եք պատվիրելու: [inč ekʰ patvirelú?]
Ich möchte …	Ես կվերցնեմ … [es kvertsʰném …]

Ich bin Vegetarier.	Ես բուսակեր եմ: [es busakér em]
Fleisch	միս [mis]
Fisch	ձուկ [dzuk]
Gemüse	բանջարեղեն [bandžareġén]
Haben Sie vegetarisches Essen?	Դուք ունե՞ք բուսակերական ճաշատեսակներ: dukʰ unékʰ busakerakán čašatesaknér?]
Ich esse kein Schweinefleisch.	Ես խոզի միս չեմ ուտում: [es xozí mis čem utúm]
Er /Sie/ isst kein Fleisch.	Նա միս չի ուտում: [na mis či utúm]

Ich bin allergisch auf …

Ես …ից ալերգիա ունեմ:
[es …itsʰ alergija uném]

Könnten Sie mir bitte … Bringen.

Խնդրում եմ, ինձ … բերեք:
[xndrum em, indz … berékʰ]

Salz | Pfeffer | Zucker

աղ | պղպեղ | շաքար
[ag | pġpeġ | šakʰár]

Kaffee | Tee | Nachtisch

սուրճ | թեյ | աղանդեր
[surč | tʰej | aġandér]

Wasser | Sprudel | stilles

ջուր | գազավորված | չգազավորված
[dʒur | gazavorváts | čgazavorváts]

einen Löffel | eine Gabel | ein Messer

գդալ | պատառաքաղ | դանակ
[gdal | patarakʰáġ | danák]

einen Teller | eine Serviette

ափսե | անձեռոցիկ
[apʰsé | andzerotsʰík]

Guten Appetit!

Բարի ախորժակ!
[bari axorʒák!]

Noch einen bitte.

Էլի բերեք, խնդրում եմ:
[éli berékʰ, xndrum ēm]

Es war sehr lecker.

Շատ համեղ էր:
[šat haméġ ēr]

Scheck | Wechselgeld | Trinkgeld

հաշիվ | մանրադրամ | թեյավճար
[hašív | manradrám | tʰejavčár]

Zahlen bitte.

Հաշիվը, խնդրում եմ:
[hašíve, xndrum em]

Kann ich mit Karte zahlen?

Կարո՞ղ եմ վճարել քարտով:
[karóġ em včarél kʰartóv?]

Entschuldigen Sie, hier ist ein Fehler.

Ներեցեք, այստեղ սխալ կա:
[neretsʰékʰ, ajstéġ sxal ka]

Einkaufen

Kann ich Ihnen behilflich sein?	Կարո՞ղ եմ օգնել ձեզ: [karóg em ognél dzez?]
Haben Sie ...?	Դուք ունե՞ք ...: [dukʰ unékʰ ...?]
Ich suche ...	Ես փնտրում եմ ... [es pʰntrum em ...]
Ich brauche ...	Ինձ պետք է ... [indz petkʰ ē ...]

Ich möchte nur schauen.	Ես ուղղակի նայում եմ: [es uġgakí najúm em]
Wir möchten nur schauen.	Մենք ուղղակի նայում ենք: [menkʰ uġgakí najúm enkʰ]
Ich komme später noch einmal zurück.	Ես ավելի ուշ կայցելեմ: [es avelí uš kajtsʰelém]
Wir kommen später vorbei.	Մենք ավելի ուշ կայցելենք: [menkʰ avelí uš kajtsʰelénk]
Rabatt	Ausverkauf	զեղչեր	իսպառ վաճառք [zegčér	ispár vačárkʰ]

Zeigen Sie mir bitte ...	Ցույց տվեք ինձ, խնդրում եմ ... [tsʰujtsʰ tvékʰ indz, χndrum em ...]
Geben Sie mir bitte ...	Տվեք ինձ, խնդրում եմ ... [tvékʰ indz, χndrum em...]
Kann ich es anprobieren?	Կարո՞ղ եմ ես սա փորձել: [karóg em es sa pʰordzél?]
Entschuldigen Sie bitte, wo ist die Anprobe?	Ներեցեք, որտե՞ղ է հանդերձարանը: [neretsʰékʰ, vortég ē handerdzáranə?]
Welche Farbe mögen Sie?	Ի՞նչ գույն եք ուզում: [inč gujn ekʰ uzum?]
Größe	Länge	չափս	հասակ [čapʰs	hasák]
Wie sitzt es?	Եղա՞վ: [egáv?]

Was kostet das?	Սա ինչքա՞ն արժե: [sa inčkʰán arʒé?]
Das ist zu teuer.	Դա չափազանց թանկ է [da čapʰazántsʰ tʰank ē]
Ich nehme es.	Ես կվերցնեմ սա: [es kvertsʰném sa]
Entschuldigen Sie bitte, wo ist die Kasse?	Ներեցեք, որտե՞ղ է դրամարկղը: [neretsʰékʰ, vortég ē dramárkgə?]

Zahlen Sie Bar oder mit Karte?

Ինչպե՞ս եք վճարելու:
Կանխիկ կ թե քարտով:
inčpés ekʰ včarelú?
kanχík tʰe kʰartóv?]

in Bar | mit Karte

կանխիկ | քարտով
[kanχík | kʰartóv]

Brauchen Sie die Quittung?

Ձեզ չե՞ն անհրաժե՞շտ է:
[dzez čekʰn anhraʒéšt ē?]

Ja, bitte.

Այո, խնդրում եմ:
[ajó, χndrum em]

Nein, es ist ok.

Ոչ, պետք չէ: Շնորհակալություն:
[vóč, petkʰ čē. šnorhakalutʰjún]

Danke. Einen schönen Tag noch!

Շնորհակալություն: Ցտեսություն:
[šnorhakalutʰjún tsʰtesutʰjún!]

In der Stadt

Entschuldigen Sie bitte, ...	Ներեցեք խնդրեմ ... [neretsʰékʰ, χndrem ...]
Ich suche ...	Ես փնտրում եմ ... [es pʰntrúm em ...]
die U-Bahn	մետրո [metró]
mein Hotel	իմ հյուրանոցը [im hjuranótsʰə]
das Kino	կինոթատրոն [kinotʰatrón]
den Taxistand	տաքսիների կայան [takʰsinerí kaján]

einen Geldautomat	բանկոմատ [bankomát]
eine Wechselstube	արժույթի փոխանակման կետ [arʒujtʰí pʰoχanakmán ket]
ein Internetcafé	ինտերնետ-սրճարան [internét-srčarán]
die ... -Straße	... փողոցը [... pʰoǧótsʰə]
diesen Ort	այս տեղը [ajs téǧə]

Wissen Sie, wo ... ist?	Դուք գիտե՞ք որտեղ է գտնվում ...: [dukʰ gitékʰ vortéǧ ē gtnvum ...?]
Wie heißt diese Straße?	Ինչպե՞ս է կոչվում այս փողոցը: [inčpés ē kočvúm ajs pʰoǧótsʰə?]
Zeigen Sie mir wo wir gerade sind.	Ցույց տվեք՝ որտեղ ենք մենք հիմա: [tsʰújtsʰ tvekʰ, vortéǧ enkʰ menkʰ himá]
Kann ich dort zu Fuß hingehen?	Ես կհասնե՞մ այնտեղ ոտքով: [es khasném ajntéǧ votkʰóv?]
Haben Sie einen Stadtplan?	Դուք ունե՞ք քաղաքի քարտեզը: [dukʰ unékʰ kʰaǧakí kʰartézə?]

Was kostet eine Eintrittskarte?	Որքա՞ն արժէ մուտքի տոմսը: [vorkán arʒé mutkʰí tómsə?]
Darf man hier fotografieren?	Այստեղ կարելի՞ է լուսանկարել: [ajstéǧ karelí ē lusankarél?]
Haben Sie offen?	Դուք բա՞ց եք: [dukʰ batsʰ ekʰ?]

Wann öffnen Sie?

Ժամը քանիսի՞ն եք դուք բացվում:
[ʒámə kʰanisín ek duk batsʰvúm?]

Wann schließen Sie?

Մինչև ո՞ր ժամն եք աշխատում:
[minčév vor ʒámn ekʰ ášχatúm?]

Geld

Geld	փող
	[pʰog]
Bargeld	կանխիկ դրամ
	[kanχik dram]
Papiergeld	թղթադրամ
	[tʰgtʰadrám]
Kleingeld	մանրադրամ
	[manradrám]
Scheck | Wechselgeld | Trinkgeld	հաշիվ | մանր | թեյավճար
	[hašĺv | manr | tʰejavčár]

Kreditkarte	կրեդիտ քարտ
	[kredít kʰart]
Geldbeutel	դրամապանակ
	[dramapanák]
kaufen	գնել
	[gnel]
zahlen	վճարել
	[včarél]
Strafe	տուգանք
	[tugánkʰ]
kostenlos	անվճար
	[anvčár]

Wo kann ich … kaufen?	Որտե՞ղ կարող եմ գնել …:
	[vórteġ karóġ em gnel …?]
Ist die Bank jetzt offen?	Բանկը հիմա բա՞ց է:
	[bánkə himá batsʰ ē?]
Wann öffnet sie?	Ժամը քանիսի՞ն է այն բացվում:
	[ʒámə kʰanisín ē ajn batsʰvúm?]
Wann schließt sie?	Մինչև ո՞ր ժամն է այն աշխատում:
	[minčév vor ʒamn ē ajn ašχatúm?]

Wie viel?	Ինչքա՞ն:
	[inčkʰán?]
Was kostet das?	Սա ինչքա՞ն արժե:
	[sa inčkʰán arʒé?]
Das ist zu teuer.	Դա չափազանց թանկ է:
	[da čapʰazántsʰ tʰank ē]

Entschuldigen Sie bitte, wo ist die Kasse?	Ներեցեք, որտե՞ղ է դրամարկղը:
	[neretsʰékʰ, vorteġ ē dramárkgə?]
Ich möchte zahlen.	Հաշիվը, խնդրում եմ:
	[hašívə, χndrum em]

Kann ich mit Karte zahlen?

Կարո՞ղ եմ վճարել քարտով:
[karóǵ em včarél kʰartóv?]

Gibt es hier einen Geldautomat?

Այստեղ բանկոմատ կա՞:
[ajstéǵ bankomát ka?]

Ich brauche einen Geldautomat.

Ինձ բանկոմատ է հարկավոր:
[indz bankomát ē harkavór]

Ich suche eine Wechselstube.

Ես փնտրում եմ փոխանակման կետ:
[es pʰntrúm em pʰoχanakmán ket]

Ich möchte ... wechseln.

Ես ուզում եմ փոխանակել ...
[es uzúm em pʰoχanakél ...]

Was ist der Wechselkurs?

Ասացեք, խնդրեմ, փոխարժեքը:
[asatsʰékʰ, χndrém, pʰoχarʒékʰə?]

Brauchen Sie meinen Reisepass?

Ձեզ պե՞տք է իմ անձնագիրը:
[dzez petkʰ ē im andznagírə?]

Zeit

Wie spät ist es?	Ժամը քանի՞ն է: [ʒámə kʰanisn ē?]
Wann?	Ե՞րբ: [erb?]
Um wie viel Uhr?	Ժամը քանիսի՞ն: [ʒámə kʰanisín?]
jetzt | später | nach …	հիմա | ավելի ուշ | …ից հետո [híma | avelí uš | …itsʰ hetó]

ein Uhr	գերեկվա ժամը մեկը [tsʰerekvá ʒámə mékə]
Viertel zwei	մեկն անց տասնհինգ րոպե [mékn antsʰ tasnhíng ropé]
Ein Uhr dreißig	մեկն անց կես [mékn antsʰ kes]
Viertel vor zwei	երկուսին տասնհինգ պակաս [erkusín tasnhíng pakás]

eins | zwei | drei	մեկ | երկու | երեք [mek | erkú | erékʰ]
vier | fünf | sechs	չորս | հինգ | վեց [čors | hing | vetsʰ]
sieben | acht | neun	յոթ | ութ | ինը [jotʰ | utʰ | ínə]
zehn | elf | zwölf	տաս | տասնմեկ | տասներկու [tas | tasnəmék | tasnerkú]

in …	…ից […itsʰ]
fünf Minuten	հինգ րոպե [hing ropé]
zehn Minuten	տաս րոպե [tas ropé]
fünfzehn Minuten	տասնհինգ րոպե [tasnhíng ropé]
zwanzig Minuten	քսան րոպե [kʰsan ropé]
einer halben Stunde	կես ժամ [kes ʒam]
einer Stunde	մեկ ժամ [mek ʒam]

am Vormittag	առավոտյան [aravotján]
früh am Morgen	վաղ առավոտյան [vag aravotján]
diesen Morgen	այսօր առավոտյան [ajsór aravotján]
morgen früh	վաղն առավոտյան [vagn aravotján]
am Mittag	ճաշին [čašín]
am Nachmittag	ճաշից հետո [čašítsʰ hetó]
am Abend	երեկոյան [erekoján]
heute Abend	այսօր երեկոյան [ajsór erekoján]
in der Nacht	գիշերը [gišérə]
gestern	երեկ [erék]
heute	այսօր [ajsór]
morgen	վաղը [vágə]
übermorgen	վաղը չէ մյուս օրը [vágə čē mjus órə]
Welcher Tag ist heute?	Շաբաթվա ի՞նչ օր է այսօր: [šabatʰvá inč or ē ajsór?]
Es ist ...	Այսօր ... է: [ajsór ... ē]
Montag	երկուշաբթի [erkušabtʰí]
Dienstag	երեքշաբթի [erekʰšabtʰí]
Mittwoch	չորեքշաբթի [čorekʰšabtʰí]
Donnerstag	հինգշաբթի [hingšabtʰí]
Freitag	ուրբաթ [urbátʰ]
Samstag	շաբաթ [šabátʰ]
Sonntag	կիրակի [kirakí]

Begrüßungen und Vorstellungen

Hallo.
Բարև Ձեզ:
[barév dzez]

Freut mich, Sie kennen zu lernen.
Ուրախ եմ ձեզ հետ ծանոթանալու:
[uráχ em dzez het tsanotʰanalú]

Ganz meinerseits.
Նմանապես:
[nmanapés]

Darf ich vorstellen? Das ist ...
Ծանոթացնեմ: Սա ... է:
[tsanotʰatsʰékʰ. sa ... ē]

Sehr angenehm.
Շատ հաճելի է:
[šat hačelí ē]

Wie geht es Ihnen?
Ինչպե՞ս եք: Ինչպե՞ս են ձեր գործերը:
[inčpés ekʰ? inčpés en dzer gortséra?]

Ich heiße ...
Իմ անունը ... է:
[im anúnə ... ē]

Er heißt ...
Նրա անունը ... է:
[nra anúnə ... ē]

Sie heißt ...
Նրա անունը ... է:
[nra anúnə ... ē]

Wie heißen Sie?
Ձեր անունն ի՞նչ է:
[dzer anúnn inč ē?]

Wie heißt er?
Ի՞նչ է նրա անունը:
[inč ē nra anúnə?]

Wie heißt sie?
Ի՞նչ է նրա անունը:
[inč ē nra anúnə?]

Wie ist Ihr Nachname?
Ի՞նչ է ձեր ազգանունը:
[inč ē dzer azganúnə?]

Sie können mich ... nennen.
Ասացեք ինձ ...
[asatsʰékʰ indz ...]

Woher kommen Sie?
Որտեղի՞ց եք դուք:
[vortegʰitsʰ ekʰ dukʰ?]

Ich komme aus ...
Ես ...ից եմ:
[es ...itsʰ em]

Was machen Sie beruflich?
Որտե՞ղ եք աշխատում:
[vortég ekʰ ašχatúm?]

Wer ist das?
Ո՞վ է սա:
[ov ē sa?]

Wer ist er?
Ո՞վ է նա:
[ov ē na?]

Wer ist sie?
Ո՞վ է նա:
[ov ē na?]

Wer sind sie?
Ո՞վ են նրանք:
[ov en nrankʰ?]

Das ist …	Սա …ն է: [sa …n ē]
mein Freund	իմ ընկեր [im ənkér]
meine Freundin	իմ ընկերուհի [im ənkeruhí]
mein Mann	իմ ամուսին [im amusín]
meine Frau	իմ կին [im kin]
mein Vater	իմ հայր [im hajr]
meine Mutter	իմ մայր [im majr]
mein Bruder	իմ եղբայր [im eġbájr]
meine Schwester	իմ քույր [im kʰújr]
mein Sohn	իմ որդի [im vordí]
meine Tochter	իմ դուստր [im dustr]
Das ist unser Sohn.	Սա մեր որդին է: [sa mer vordín ē]
Das ist unsere Tochter.	Սա մեր դուստրն է: [sa mer dustrn ē]
Das sind meine Kinder.	Սրանք իմ երեխաներն են: [srankʰ im ereχanérn en]
Das sind unsere Kinder.	Սրանք մեր երեխաներն են: [srankʰ mer ereχanérn en]

Verabschiedungen

Auf Wiedersehen!	8ունություն'ւն: [tsʰtesutʰjún!]
Tschüss!	Հաջո'ղ: [haʤóg!]
Bis morgen.	Մինչ վաղը: [minč vágə]
Bis bald.	Մինչ հանդիպում: [minč handipúm]
Bis um sieben.	Կհանդիպենք ժամը յոթին: [khandipénkʰ ӡámə jotʰín]

Viel Spaß!	Զվարճացե'ք: [zvarčatsʰékʰ!]
Wir sprechen später.	Հետո կխոսենք: [hetó kχosénkʰ]
Ich wünsche Ihnen ein schönes Wochenende.	Հաջող հանգստյան օրեր եմ ցանկանում: [haʤóg hangstján orér em tsʰankanúm]
Gute Nacht.	Բարի գիշեր: [barí gišér]

Es ist Zeit, dass ich gehe.	Գնալու ժամանակն է: [gnalú ӡamanákn é]
Ich muss gehen.	Ես պետք է գնամ: [es petkʰ ē gnam]
Ich bin gleich wieder da.	Ես հիմա կվերադառնամ: [es himá kveradarnám]

Es ist schon spät.	Արդեն ուշ է: [ardén uš ē]
Ich muss früh aufstehen.	Ես պետք է վաղ արթնանամ: [es petkʰ ē vaġ artʰnanám]
Ich reise morgen ab.	Ես վաղը մեկնում եմ: [es váġə meknúm em]
Wir reisen morgen ab.	Մենք վաղը մեկնում ենք: [menkʰ váġə meknúm enkʰ]

Ich wünsche Ihnen eine gute Reise!	Բարի ճանապարհ: [barí čanapárh!]
Hat mich gefreut, Sie kennen zu lernen.	Հաճելի էր ձեզ հետ ծանոթանալ: [hačelí ēr dzez hēt tsanotʰanál]
Hat mich gefreut mit Ihnen zu sprechen.	Հաճելի էր ձեզ հետ շփվել: [hačelí ēr dzez hēt špʰvel]
Danke für alles.	Շնորհակալություն ամեն ինչի համար: [šnorhakalutʰjún amén inčí hamár]

Ich hatte eine sehr gute Zeit.	Ես հիանալի անցկացրեցի ժամանակը: [es hojakáp antsʰkatsʰretsʰi ʒamanákə]
Wir hatten eine sehr gute Zeit.	Մենք հիանալի անցկացրեցինք ժամանակը: menkʰ hojakáp antsʰkatsʰretsʰínkʰ ʒamanákə]
Es war wirklich toll.	Ամեն ինչ հիանալի էր: [amén inč hojakáp ér]
Ich werde Sie vermissen.	Ես կկարոտեմ: [es kəkarotém]
Wir werden Sie vermissen.	Մենք կկարոտենք: [menkʰ kəkaroténkʰ]
Viel Glück!	Հաջողություʼւն: Մնաք բարոʼվ: [hadʒoguʰjún! mnakʰ baróv!]
Grüßen Sie ...	Բարևեք ...ին: [barevékʰ ...in]

49

Fremdsprache

Ich verstehe nicht.	Ես չեմ հասկանում:
	[es čem haskaním]
Schreiben Sie es bitte auf.	Խնդրում եմ, գրեք դա:
	[xndrum em, grekʰ da]
Sprechen Sie ...?	Դուք գիտե՞ք ...:
	[dukʰ gitékʰ ...?]

Ich spreche ein bisschen ...	Ես գիտեմ մի քիչ ...
	[es gitém mi kʰič ...]
Englisch	անգլերեն
	[anglerén]
Türkisch	թուրքերեն
	[tʰurkʰerén]
Arabisch	արաբերեն
	[araberén]
Französisch	ֆրանսերեն
	[franserén]

Deutsch	գերմաներեն
	[germanerén]
Italienisch	իտալերեն
	[italerén]
Spanisch	իսպաներեն
	[ispanerén]
Portugiesisch	պորտուգալերեն
	[portugalerén]
Chinesisch	չին երեն
	[činerén]
Japanisch	ճապոներեն
	[čaponerén]

Können Sie das bitte wiederholen.	Կրկնեք, խնդրեմ:
	[krknekʰ, xndrem]
Ich verstehe.	Ես հասկանում եմ:
	[es haskaním em]
Ich verstehe nicht.	Ես չեմ հասկանում:
	[es čem haskaním]
Sprechen Sie etwas langsamer.	Խոսեք դանդաղ, խնդրում եմ:
	[xosékʰ dandág, xndrúm em]

Ist das richtig?	Սա ճի՞շտ է:
	[sa čišt ē?]
Was ist das? (Was bedeutet das?)	Ի՞նչ է սա:
	[inč ē sa?]

Entschuldigungen

Entschuldigen Sie bitte.	Ներեցեք, խնդրեմ: [nerets'ēk', xndrem]
Es tut mir leid.	Ցավում եմ: [ts'avúm em]
Es tut mir sehr leid.	Շատ ափսոս: [šat ap'sós]
Es tut mir leid, das ist meine Schuld.	Իմ մեղավորությունն է: [im meġavorut'júnn ē]
Das ist mein Fehler.	Իմ սխալն է: [im sxaln ē]

Darf ich ...?	Ես կարո՞ղ եմ ...: [es karóġ em ...?]
Haben Sie etwas dagegen, wenn ich ...?	Դեմ չե՞ք լինի, եթե ես ...: [dem ček' lini, et'é es ...?]
Es ist okay.	Սարսափելի ոչինչ չկա: [sarsap'elí vočínč čka]
Alles in Ordnung.	Ամեն ինչ կարգին է: [amén inč kargín ē]
Machen Sie sich keine Sorgen.	Մի անհանգստացեք: [mi anhangstats'ék']

Einigung

Ja.	Այո: [ajó]
Ja, natürlich.	Այո, իհարկե: [ajó, ihárke]
Ok! (Gut!)	Լավ՛ [lav!]
Sehr gut.	Շատ լավ: [šat lav]
Natürlich!	Իհա'րկե: [ihárke!]
Genau.	Ես համաձայն եմ: [es hamadzájn em]

Das stimmt.	Ճիշտ է: [čišt ē]
Das ist richtig.	Ճիշտ է: [čišt ē]
Sie haben Recht.	Դուք իրավացի եք: [dukʰ iravatsʰí ekʰ]
Ich habe nichts dagegen.	Ես չեմ առարկում: [es čem ararkúm]
Völlig richtig.	Բացարձակ ճիշտ է: [batsʰardzák čišt ē]

Das kann sein.	Հնարավոր է: [hnaravór ē]
Das ist eine gute Idee.	Լավ միտք է: [lav mítkʰ ē]
Ich kann es nicht ablehnen.	Չեմ կարող մերժել: [čem karóg meržél]
Ich würde mich freuen.	Ուրախ կլինեմ: [uráχ kliném]
Gerne.	Հաճույքով: [hačujkʰóv]

Ablehnung. Äußerung von Zweifel

Nein.
Ոչ:
[voč]

Natürlich nicht.
Իհարկե, ոչ:
[ihárke, voč]

Ich stimme nicht zu.
Ես համաձայն չեմ:
[es hamadzájn em]

Das glaube ich nicht.
Ես այդպես չեմ կարծում:
[es ajdpés čem kartsúm]

Das ist falsch.
Սուտ է:
[sut ē]

Sie liegen falsch.
Դուք իրավացի չեք:
[dukʰ iravatsʰí čekʰ]

Ich glaube, Sie haben Unrecht.
Կարծում եմ՝ իրավացի չեք:
[kartsúm em, iravatsʰí čekʰ]

Ich bin nicht sicher.
Համոզված չեմ:
[hamozváts čem]

Das ist unmöglich.
Անհնար է:
[anhnár ē]

Nichts dergleichen!
Ո՛չ մի նման բան:
[voč mi nman ban!]

Im Gegenteil!
Հակառակը:
[hakárákə!]

Ich bin dagegen.
Ես դեմ եմ:
[es dem em]

Es ist mir egal.
Ինձ միևնույն է:
[indz mievnújn ē]

Keine Ahnung.
Գաղափար չունեմ:
[gaġapʰár čuném]

Ich bezweifle, dass es so ist.
Կասկածում եմ, որ այդպես է:
[kaskatsúm ēm, vor ajdpés ē]

Es tut mir leid, ich kann nicht.
Ներեցեք, չեմ կարող:
[neretsʰékʰ, čem karóġ]

Es tut mir leid, ich möchte nicht.
Ներեցեք, չեմ ուզում:
[neretsʰékʰ, čem uzúm]

Danke, das brauche ich nicht.
Շնորհակալություն, ինձ պետք չէ:
[šnorhakalutʰjún, indz petkʰ čē]

Es ist schon spät.
Արդեն ուշ է:
[ardén uš ē]

Ich muss früh aufstehen.

Ես պետք է վաղ արթնանամ։
[es petkʰ ē vaġ artʰnanám]

Mir geht es schlecht.

Ես ինձ վատ եմ զգում։
[es indz vat em zgum]

Dankbarkeit ausdrücken

Danke.
Շնորհակալություն:
[šnorhakaluthjún]

Dankeschön.
Շատ շնորհակալ եմ:
[šat šnorhakál em]

Ich bin Ihnen sehr verbunden.
Շատ շնորհակալ եմ:
[šat šnorhakál em]

Ich bin Ihnen sehr dankbar.
Շնորհակալ եմ:
[šnorhakál em]

Wir sind Ihnen sehr dankbar.
Շնորհակալ ենք:
[šnorhakál enkh]

Danke, dass Sie Ihre Zeit
geopfert haben.
Շնորհակալություն, որ ծախսեցիք
ձեր ժամանակը:
šnorhakaluthjún, vor tsaxsetshíkh
dzer ʒamanákə]

Danke für alles.
Շնորհակալություն ամեն ինչի համար:
[šnorhakaluthjún amén inčí hamár]

Danke für ...
Շնորհակալություն ... համար:
[šnorhakaluthjún ... hamár]

Ihre Hilfe
ձեր օգնության
[dzer ognuthján]

die schöne Zeit
լավ ժամանցի
[lav ʒamantshí]

das wunderbare Essen
հոյակապ ուտեստների
[hojakáp utestnerí]

den angenehmen Abend
հաճելի երեկոյի
[hačelí erekojí]

den wunderschönen Tag
հիանալի օրվա
[hianalí orvá]

die interessante Führung
հետաքրքիր էքսկուրսիայի
[hetakhrkír ékhskursiají]

Keine Ursache.
Չարժե:
[čarʒé]

Nichts zu danken.
Չարժե:
[čarʒé]

Immer gerne.
Միշտ խնդրեմ:
[mišt xndrém]

Es freut mich, geholfen zu haben.
Ուրախ էի օգնելու:
[uráx ei ognelú]

Vergessen Sie es.

Unnwgⅅp:
[moratsʰékʰ]

Machen Sie sich keine Sorgen.

Uh wⅼhwⅼquunwgⅅp:
[mi anhangstatsʰékʰ]

Glückwünsche. Beste Wünsche

Glückwunsch!	Շնորհավորո՛ւմ եմ: [šnorhavorúm em!]
Alles gute zum Geburtstag!	Շնորհավո՛ր ծննդյան օրը: [šnorhavór tsnəndzján órə!]
Frohe Weihnachten!	Շնորհավո՛ր Սուրբ ծնունդ: [šnorhavór surb tsnund!]
Frohes neues Jahr!	Շնորհավո՛ր Ամանոր: [šnorhavór amanór!]

Frohe Ostern!	Շնորհավո՛ր Զատիկ: [šnorhavór zatík!]
Frohes Hanukkah!	Ուրա՛խ Հանուկա: [uráx hánuka!]

Ich möchte einen Toast ausbringen.	Ես կենաց ունեմ: [es kenátsʰ uném]
Auf Ihr Wohl!	Ձեր առողջության կենա՛ցը: [dzer aroǵʒutʰján kenátsʰə!]
Trinken wir auf …!	Խմե՛նք … համար: [xmenkʰ … hamár!]
Auf unseren Erfolg!	Մեր հաջողության կենա՛ցը: [mer haǰoǵutʰján kenátsʰə!]
Auf Ihren Erfolg!	Ձեր հաջողության կենա՛ցը: [dzer haǰoǵutʰján kenátsʰə!]

Viel Glück!	Հաջողությո՛ւն: [haǰoǵutʰjún!]
Einen schönen Tag noch!	Հաճելի օ՛ր եմ ցանկանում: [hačelí or em tsʰankanúm!]
Haben Sie einen guten Urlaub!	Հաճելի հանգի՛ստ եմ ցանկանում: [hačelí hangíst em tsʰankanúm!]
Haben Sie eine sichere Reise!	Բարի ճանապա՛րհ: [barí čanapárh!]
Ich hoffe es geht Ihnen bald besser!	Շուտ ապաքինո՛ւմ եմ ցանկանում: [šut apakʰinúm em tsʰankanúm!]

Sozialisieren

Warum sind Sie traurig?	Ինչո՞ւ եք տխրել: [inčú ekʰ txrel?]
Lächeln Sie!	Ժպտացե՛ք: [ȝptatsʰékʰ]
Sind Sie heute Abend frei?	Դուք զբաղվա՞ծ եք այսոր երեկոյան: [dukʰ zbaġváts ekʰ ajsór erekoján?]

Darf ich Ihnen was zum Trinken anbieten?	Կարո՞ղ եմ առաջարկել ձեզ որևէ ըմպելիք: karóġ ēm aradȝarkél dzez vorevé əmpelíkʰ?]
Möchten Sie tanzen?	Չե՞ք ցանկանա պարել: [čekʰ tsʰankaná parél?]
Gehen wir ins Kino.	Գնա՛նք կինոթատրոն: [gnankʰ kinotʰatrón?]

Darf ich Sie ins ... einladen?	Կարո՞ղ եմ հրավիրել ձեզ ...: [karóġ em hravirél dzez ...?]
Restaurant	ռեստորան [restorán]
Kino	կինոթատրոն [kinotʰatrón]
Theater	թատրոն [tʰatrón]
auf einen Spaziergang	զբոսանքի [zbosankʰí]

Um wie viel Uhr?	Ժամը քանիսի՞ն: [ȝámə kʰanisín?]
heute Abend	այսոր երեկոյան [ajsór erekoján]
um sechs Uhr	ժամը վեցին [ȝámə vetsʰín]
um sieben Uhr	ժամը յոթին [ȝámə jotʰín]
um acht Uhr	ժամը ութին [ȝámə utʰín]
um neun Uhr	ժամը իննին [ȝámə innín]

Gefällt es Ihnen hier?	Ձեզ այստեղ դու՞ր է գալիս: [dzez ajstéġ dur é galís?]
Sind Sie hier mit jemandem?	Դուք այստեղ ինչ-որ մեկի հե՞տ եք: [dukʰ ajstéġ inč-vor mekí het ekʰ]

Ich bin mit meinem Freund /meiner Freundin/.	Ես ընկերոջս /ընկերուհուս/ հետ եմ:
	[es ənkeródʒs /ənkeruhús/ het em]
Ich bin mit meinen Freunden.	Ես ընկերներիս հետ եմ:
	[es ənkernerís het em]
Nein, ich bin alleine.	Ես մենակ եմ:
	[es menák em]

Hast du einen Freund?	Դու ընկեր ունե՞ս:
	[du ənkèr unés?]
Ich habe einen Freund.	Ես ընկեր ունեմ:
	[es ənkér uném]
Hast du eine Freundin?	Դու ընկերուհի ունե՞ս:
	[du ənkeruhí unés?]
Ich habe eine Freundin.	Ես ընկերուհի ունեմ:
	[es ənkeruhí uném]

Kann ich dich nochmals sehen?	Մենք դեռ կհանդիպե՞նք:
	[menkʰ der khandipénkʰ?]
Kann ich dich anrufen?	Կարո՞ղ եմ քեզ զանգահարել:
	[karóg em kʰez zangaharél?]
Ruf mich an.	Կզանգես:
	[kzangés]
Was ist deine Nummer?	Ո՞նց է համարդ
	[vontsʰ ē hamárt?]
Ich vermisse dich.	Ես կարոտում եմ քեզ:
	[es karotúm em kʰez]

Sie haben einen schönen Namen.	Դուք շատ գեղեցիկ անուն ունեք:
	[dukʰ šat geǵetsʰík anún unékʰ]
Ich liebe dich.	Ես սիրում եմ քեզ:
	[es sirúm em kʰez]
Willst du mich heiraten?	Ամի՞ ամուսնանանք:
	[arí amusnanánkʰ]
Sie machen Scherze!	Դուք կատակկո՛ւմ եք:
	[dukʰ katakúm ekʰ]
Ich habe nur gescherzt.	Ես ուղղակի կատակում եմ:
	[es uǵgakí katakúm em]

Ist das Ihr Ernst?	Դուք լո՞ւրջ եք ասում:
	[dukʰ lúrdʒ ekʰ asúm?]
Das ist mein Ernst.	Ես լուրջ եմ ասում:
	[es lurdʒ em asúm]
Echt?!	Իրո՞ք:
	[irókʰ?!]
Das ist unglaublich!	Դա անհավանական՛ն է:
	[da anhavanakán ē!]
Ich glaube Ihnen nicht.	Ես ձեզ չեմ հավատում:
	[es dzez čem havatúm]
Ich kann nicht.	Ես չեմ կարող:
	[es čem karóg]
Ich weiß nicht.	Ես չգիտեմ:
	[es čgitém]

Ich verstehe Sie nicht.	Ես ձեզ չեմ հասկանում։ [es dzez čem haskanúm]
Bitte gehen Sie weg.	Հեռացեք, խնդրում եմ։ [héraťsʰekʰ, χndrum em]
Lassen Sie mich in Ruhe!	Ինձ հանգիստ թողեք։ [indz hangíst tʰogékʰ]

Ich kann ihn nicht ausstehen.	Ես նրան տանել չեմ կարողանում։ [es nran tanél čem karoganúm]
Sie sind widerlich!	Դուք զզվելի՛ եք։ [dukʰ zəzvelí ekʰ]
Ich rufe die Polizei an!	Ես ոստիկանություն կկանչեմ։ [es vostíkanutʰjún kəkančém!]

Gemeinsame Eindrücke. Emotionen

Das gefällt mir.	Ինձ դա դուր է գալիս։ [indz da dur ē galís]
Sehr nett.	Հաճելի է։ [hačelí ē]
Das ist toll!	Հրաշալի' է! [hrašalí ē!]
Das ist nicht schlecht.	Վատ չէ։ [vat čé]
Das gefällt mir nicht.	Սա ինձ դուր է գալիս։ [sa indz dur ē galís]
Das ist nicht gut.	Դա լավ չի։ [da lav čé]
Das ist schlecht.	Դա վատ է։ [da vat ē]
Das ist sehr schlecht.	Դա շատ վատ է։ [da šat vat ē]
Das ist widerlich.	Զզվելի է։ [zəzvelí ē]
Ich bin glücklich.	Ես երջանիկ եմ։ [es erdžaník em]
Ich bin zufrieden.	Ես գոհ եմ։ [es goh em]
Ich bin verliebt.	Ես սիրահարվել եմ։ [es siraharvél em]
Ich bin ruhig.	Ես հանգիստ եմ։ [es hangíst em]
Ich bin gelangweilt.	Ես ձանձրանում եմ։ [es dzandzranúm em]
Ich bin müde.	Ես հոգնել եմ։ [es hognél em]
Ich bin traurig.	Ես տխուր եմ։ [es txur em]
Ich habe Angst.	Ես վախեցած եմ։ [es vaχetsʰáts em]
Ich bin wütend.	Ես զայրանում եմ։ [es zajranúm em]
Ich mache mir Sorgen.	Ես անհանգստանում եմ։ [es anhangstanúm em]
Ich bin nervös.	Ես ջղայնանում եմ։ [es džǧajnanúm em]

Ich bin eifersüchtig.

Ես նախանձում եմ:
[es naχandzúm em]

Ich bin überrascht .

Ես զարմացած եմ:
[es zarmatsʰáts em]

Es ist mir peinlich.

Ես շփոթված եմ:
[es špʰotʰváts em]

Probleme. Unfälle

Ich habe ein Problem.	Ես խնդիր ունեմ: [es χndir uném]
Wir haben Probleme.	Մենք խնդիրներ ունենք: [menkʰ χndírner unénkʰ]
Ich bin verloren.	Ես մոլորվել եմ: [es molorvél em]
Ich habe den letzten Bus (Zug) verpasst.	Ես ուշացել եմ վերջին ավտոբուսից (գնացքից): es ušatsʰél em avtobusítsʰ (gnatsʰkʰítsʰ)]
Ich habe kein Geld mehr.	Ինձ մոտ դրամ ընդհանրապես չի մնացել: indz mot drám əndhanrapés čí mnatsʰél]

Ich habe mein … verloren.	Ես կորցրել եմ … [es kortsʰrél em …]
Jemand hat mein … gestohlen.	Ինձ մոտից գողացել են … [indz mot gogatsʰél en …]
Reisepass	անձնագիրը [andznagírə]
Geldbeutel	դրամապանակը [dramapanákə]
Papiere	փաստաթղթերը [pʰastatʰgtʰérə]
Fahrkarte	տոմսը [tómsə]
Geld	փողը [pʰógə]
Tasche	պայուսակը [pajusákə]
Kamera	ֆոտոապարատը [fotoaparátə]
Laptop	նոութբուքը [noutʰbúkʰə]
Tabletcomputer	պլանշետը [planšétə]
Handy	հեռախոսը [heraχósə]

Hilfe!	Օգնեցե՛ք: [ognetsʰékʰ!]
Was ist passiert?	Ի՞նչ է պատահել: [inč é patahél?]

Feuer	հրդեհ [hrdeh]
Schießerei	կրակոց [krakóts^h]
Mord	սպանություն [spanut^hjún]
Explosion	պայթյուն [pajt^hjún]
Schlägerei	կռիվ [kriv]

Rufen Sie die Polizei!	Ոստիկանությո'ւն կանչեք: [vostikanut^hjún kančék^h!]
Beeilen Sie sich!	Արագացրե'ք, խնդրում եմ: [aragáts^hrék^h χndrum em!]
Ich suche nach einer Polizeistation.	Ես փնտրում եմ ոստիկանության բաժին [es p^hntrum em vostikanut^hján bažín]
Ich muss einen Anruf tätigen.	Ինձ պետք է զանգահարել: [indz petk^h ē zangaharél]
Kann ich Ihr Telefon benutzen?	Կարո՞ղ եմ զանգահարել: [karóg em zangaharél?]

Ich wurde ...	Ինձ ... [indz ...]
ausgeraubt	կողոպտել են [koǧoptél en]
überfallen	թալանել են [t^halanél en]
vergewaltigt	բռնաբարել են [brnabarél en]
angegriffen	ծեծել են [tsetsél en]

Ist bei Ihnen alles in Ordnung?	Ձեզ հետ ամեն ինչ կարգի՞ն է: [dzez hēt amén inč kargín ē?]
Haben Sie gesehen wer es war?	Դուք տեսե՞լ եք, ով էր նա: [duk^h tesél ék^h ov ēr na?]
Sind Sie in der Lage die Person wiederzuerkennen?	Կարո՞ղ եք նրան ճանաչել: [karóg ék^h nran čanačél?]
Sind sie sicher?	Համոզվա՞ծ եք: [hamozváts ék^h?]

Beruhigen Sie sich bitte!	Խնդրում եմ, հանգստացեք: [χndrum em, hangstats^hék^h]
Ruhig!	Հանգի'ստ: [hangíst!]
Machen Sie sich keine Sorgen	Մի անհանգստացեք: [mi anhangstats^hék^h]
Alles wird gut.	Ամեն ինչ լավ կլինի: [amén inč lav klíni]
Alles ist in Ordnung.	Ամեն ինչ կարգին է: [amén inč kargín ē]

Kommen Sie bitte her.

Մոտեցեք, խնդրեմ:
[motets^hék^h, χndrem]

Ich habe einige Fragen für Sie.

Ես ձեզ մի քանի հարց ունեմ տալու:
[es dzez mi k^haní harts^h uném talú]

Warten Sie einen Moment bitte.

Սպասեք, խնդրեմ:
[spasék^h, χndrem]

Haben Sie einen
Identifikationsnachweis?

Դուք փաստաթղթեր ունե՞ք:
[duk^h p^hastat^hġt^hér unék^h?]

Danke. Sie können nun gehen.

Շնորհակալություն:
Դուք կարող եք գնալ:
šnorhakalut^hjún.
duk^h karóġ ek^h gnal]

Hände hinter dem Kopf!

Ձեռքերը գլխի հետև´:
[dzerk^héra glχi hetév]

Sie sind verhaftet!

Դուք ձերբակալվա´ծ եք:
[duk^h dzerbakalváts ek^h]

Gesundheitsprobleme

Helfen Sie mir bitte.	Oգնեցէք, խնդրում եմ: [ogneísʰékʰ, χndrum em]
Mir ist schlecht.	Ես ինձ վատ եմ զգում: [es indz vat em zgum]
Meinem Ehemann ist schlecht.	Իմ ամուսինն իրեն վատ է զգում: [im amusínn irén vat ē zgum]
Mein Sohn ...	Իմ որդին ... [im vordín ...]
Mein Vater ...	Իմ հայրն ... [im hajrn ...]

Meine Frau fühlt sich nicht gut.	Իմ կինն իրեն վատ է զգում: [im kinn irén vat ē zgum]
Meine Tochter ...	Իմ դուստրն ... [im dustrn ...]
Meine Mutter ...	Իմ մայրն ... [im majrn ...]

Ich habe ... schmerzen.	Իմ ... ցավում է: [im ... tsʰavúm ē]
Kopf-	գլուխը [glúχə]
Hals-	կոկորդը [kokórdə]
Bauch-	փորը [pʰórə]
Zahn-	ատամը [atámə]

Mir ist schwindelig.	Գլուխս պտտվում է: [gluχs ptətvúm ē]
Er hat Fieber.	Նա ջերմություն ունի: [na dʒermutʰjún uní]
Sie hat Fieber.	Նա ջերմություն ունի: [na dʒermutʰjún uní]
Ich kann nicht atmen.	Ես չեմ կարողանում շնչել: [es čem karoğanúm šnčel]

Ich kriege keine Luft.	Խեղդվում եմ: [χeğdvúm em]
Ich bin Asthmatiker.	Ես աստմահար եմ: [es astʰmahár em]
Ich bin Diabetiker /Diabetikerin/	Ես շաքարախտ ունեմ: [es šakʰaráχt uném]

Ich habe Schlaflosigkeit.	Ես անքնություն ունեմ։ [es ankʰnutʰjún uném]
Lebensmittelvergiftung	սննդային թունավորում [snəndajín tʰunavorúm]

Es tut hier weh.	Այստեղ է ցավում։ [ajstég ē tsʰavúm]
Hilfe!	Օգնեցե՛ք։ [ognetsʰékʰ!]
Ich bin hier!	Ես այստե՛ղ եմ։ [es ajstég em!]
Wir sind hier!	Մենք այստե՛ղ ենք։ [menkʰ ajstég enkʰ!]
Bringen Sie mich hier raus!	Հանե՛ք ինձ։ [hanékʰ indz]
Ich brauche einen Arzt.	Ինձ բժիշկ է պետք։ [indz bʒišk ē petkʰ]
Ich kann mich nicht bewegen.	Ես չեմ կարողանում շարժվել։ [es čem karoganúm šarʒvél]
Ich kann meine Beine nicht bewegen.	Ես չեմ զգում ոտքերս։ [es čem zgum votkʰérs]

Ich habe eine Wunde.	Ես վիրավոր եմ։ [es viravór em]
Ist es ernst?	Լո՞ւրջ։ [lurdʒ?]
Meine Dokumente sind in meiner Hosentasche.	Իմ փաստաթղթերը գրպանումս են։ [im pʰastatʰgtʰérə grpanúms en]
Beruhigen Sie sich!	Հանգստացե՛ք։ [hangstatsʰékʰ]
Kann ich Ihr Telefon benutzen?	Կարո՞ղ եմ զանգահարել։ [karóg em zangaharél?]

Rufen Sie einen Krankenwagen!	Շտապ օգնություն կանչեք։ [štap ognutʰjún kančékʰ]
Es ist dringend!	Սա շտա՛պ է։ [sa štap ē!]
Es ist ein Notfall!	Սա շատ շտապ է։ [sa šat štap ē!]
Schneller bitte!	Արագացրեք, խնդրո՛ւմ եմ։ [aragatsʰrékʰ, χndrum em!]
Können Sie bitte einen Arzt rufen?	Բժիշկ կանչեք, խնդրում եմ։ [bʒišk kančékʰ, χndrum em]
Wo ist das Krankenhaus?	Ասացե՛ք, որտե՞ղ է հիվանդանոցը։ [asatsʰékʰ, vortég ē hivandanótsʰə?]

Wie fühlen Sie sich?	Ինչպե՞ս եք ձեզ զգում։ [inčpes ekʰ dzez zgum?]
Ist bei Ihnen alles in Ordnung?	Ձեզ հետ ամեն ինչ կարգի՞ն է։ [dzez hēt amén inč kargín ē?]
Was ist passiert?	Ի՞նչ է պատահել։ [inč ē patahél?]

Mir geht es schon besser.

Ես արդեն ինձ լավ եմ զգում:
[es ardén indz lav em zgum]

Es ist in Ordnung.

Ամեն ինչ կարգին է:
[amén inč kargin ē]

Alles ist in Ordnung.

Ամեն ինչ լավ է:
[amén inč lav ē]

In der Apotheke

Apotheke	դեղատուն [degatún]
24 Stunden Apotheke	շուրջօրյա դեղատուն [šurdžorjá degatún]
Wo ist die nächste Apotheke?	Որտե՞ղ է մոտակա դեղատունը։ [vortéǧ ē motaká degatúnə?]

Ist sie jetzt offen?	Այն հիմա բա՞ց է։ [ajn híma batsʰ ē?]
Um wie viel Uhr öffnet sie?	Ժամը քանիսի՞ն է այն բացվում։ [žámə kʰanisín ē ajn batsʰvúm?]
Um wie viel Uhr schließt sie?	Մինչև ո՞ր ժամն է այն աշխատում։ [minčév vor žamn ē ajn ašxatúm?]

Ist es weit?	Դա հեռո՞ւ է։ [da hērú ē?]
Kann ich dort zu Fuß hingehen?	Ես կհասնե՞մ այնտեղ ոտքով։ [es khasném ajntéǧ votkʰóv?]
Können Sie es mir auf der Karte zeigen?	Ցույց տվեք ինձ քարտեզի վրա, խնդրում եմ։ [tsʰujtsʰ tvekʰ indz kartezí vra, xndrum em]

Bitte geben sie mir etwas gegen …	Տվեք ինձ ինչ-որ բան … համար։ [tvekʰ indz ínč-vor ban … hamár]
Kopfschmerzen	գլխացավի [glxatsʰaví]
Husten	հազի [hazí]
eine Erkältung	մրսածության [mrsatsutʰján]
die Grippe	հարբուխի [harbuxí]

Fieber	ջերմության [džermútʰján]
Magenschmerzen	փորացավի [pʰoratsʰaví]
Übelkeit	սրտխառնոցի [srtxarnotsʰí]
Durchfall	լուծի [lutsí]
Verstopfung	փորկապության [pʰorkapútʰján]

Rückenschmerzen	մեջքի ցավ [medʒkʰí tsʰav]
Brustschmerzen	կրծքի ցավ [krtskʰí tsʰav]
Seitenstechen	կողացավ [kogatsʰáv]
Bauchschmerzen	փորացավ [pʰoratsʰáv]

Pille	հաբ [hab]
Salbe, Creme	քսուք, կրեմ [kʰsukʰ, krem]
Sirup	օշարակ [ošarák]
Spray	սփրեյ [spʰrej]
Tropfen	կաթիլներ [katʰílnér]

Sie müssen ins Krankenhaus gehen.	Դուք պետք է հիվանդանոց գնաք: [dukʰ petkʰ ē hivandanótsʰ gnakʰ]
Krankenversicherung	ապահովագրություն [apahovagrutʰjún]
Rezept	դեղատոմս [degatóms]
Insektenschutzmittel	միջատների դեմ միջոց [midʒatneri dem midʒótsʰ]
Pflaster	լեյկոսպեղանի [lejkospeǵaní]

Das absolute Minimum

Entschuldigen Sie bitte, …	Ներեցեք, … [nerets^hék^h, …]
Hallo.	Բարև Ձեզ: [barév dzez]
Danke.	Շնորհակալություն: [šnorhakalut^hjún]
Auf Wiedersehen.	Ցտեսություն: [ts^htesut^hjún]
Ja.	Այո: [ajó]
Nein.	Ոչ: [voč]
Ich weiß nicht.	Ես չգիտեմ: [es čgitém]
Wo? | Wohin? | Wann?	Որտե՞ղ: | Ո՞ւր: | Ե՞րբ: [vórteg? | ur? | erb?]
Ich brauche …	Ինձ հարկավոր է … [indz harkavór é …]
Ich möchte …	Ես ուզում եմ … [es uzúm em …]
Haben Sie …?	Դուք ունե՞ք …: [duk^h unék^h …?]
Gibt es hier …?	Այստեղ կա՞ …: [ajstég ka …?]
Kann ich …?	Ես կարո՞ղ եմ …: [es karóg em …?]
Bitte (anfragen)	Խնդրում եմ [xndrum em]
Ich suche …	Ես փնտրում եմ … [es p^hntrum em …]
die Toilette	զուգարան [zugarán]
den Geldautomat	բանկոմատ [bankomát]
die Apotheke	դեղատուն [degatún]
das Krankenhaus	հիվանդանոց [hivandanóts^h]
die Polizeistation	ոստիկանության բաժանմունք [vostikanut^hján bažanmúnk^h]
die U-Bahn	մետրո [metró]

das Taxi	տաքսի [takʰsí]
den Bahnhof	կայարան [kajarán]

Ich heiße …	Իմ անունը … է։ [im anúnə … ē]
Wie heißen Sie?	Ձեր անունն ի՞նչ է։ [dzer anúnn inč ē?]
Helfen Sie mir bitte.	Օգնեցեք ինձ, խնդրեմ։ [ognetsʰékʰ indz, χndrem]
Ich habe ein Problem.	Ես խնդիր ունեմ։ [es χndir uném]
Mir ist schlecht.	Ես ինձ վատ եմ զգում։ [es indz vat em zgúm]
Rufen Sie einen Krankenwagen!	Շտապ օգնություն'ն կանչեք։ [štap ognutʰjún kančékʰ]
Darf ich telefonieren?	Կարո՞ղ եմ զանգահարել։ [karóǵ em zangaharél?]

Entschuldigung.	Ներեցեք [neretsʰékʰ]
Keine Ursache.	Խնդրեմ [χndrem]

ich	ես [es]
du	դու [du]
er	նա [na]
sie	նա [na]
sie (Pl, Mask.)	նրանք [nrankʰ]
sie (Pl, Fem.)	նրանք [nrankʰ]
wir	մենք [menkʰ]
ihr	դուք [dukʰ]
Sie	Դուք [nrankʰ]

EINGANG	ՄՈՒՏՔ [mutkʰ]
AUSGANG	ԵԼՔ [elkʰ]
AUßER BETRIEB	ՉԻ ԱՇԽԱՏՈՒՄ [či ašχatúm]
GESCHLOSSEN	ՓԱԿ Է [pʰak ē]

OFFEN

ԲԱՑ Է
[bats^h ē]

FÜR DAMEN

ԿԱՆԱՆՑ ՀԱՄԱՐ
[kanánts^h hamár]

FÜR HERREN

ՏՂԱՄԱՐԴԿԱՆՑ ՀԱՄԱՐ
[tġamardkánts^h hamár]

KOMPAKTWÖRTERBUCH

Dieser Teil beinhaltet über
1.500 nützliche Wörter.
Das Wörterbuch beinhaltet
viele gastronomische Begriffe
und wird Ihnen hilfreich bei
der Bestellung von Essen in
einem Restaurant oder beim
Kauf von Lebensmitteln im
Lebensmittelgeschäft sein

T&P Books Publishing

INHALT WÖRTERBUCH

T&P Books Publishing

1. Zeit. Kalender

Zeit (f)	ժամանակ	[ʒamanák]
Stunde (f)	ժամ	[ʒam]
eine halbe Stunde	կես ժամ	[kes ʒam]
Minute (f)	րոպե	[ropé]
Sekunde (f)	վայրկյան	[vajrkján]

heute	այսոր	[ajsór]
morgen	վաղը	[váɡə]
gestern	երեկ	[erék]

Montag (m)	երկուշաբթի	[erkušabtʰí]
Dienstag (m)	երեքշաբթի	[erekʰšabtʰí]
Mittwoch (m)	չորեքշաբթի	[čorekʰšabtʰí]
Donnerstag (m)	հինգշաբթի	[hingšabtʰí]
Freitag (m)	ուրբաթ	[urbátʰ]
Samstag (m)	շաբաթ	[šabátʰ]
Sonntag (m)	կիրակի	[kirakí]

Tag (m)	օր	[or]
Arbeitstag (m)	աշխատանքային օր	[ašχatankʰajín or]
Feiertag (m)	տոնական օր	[tonakán or]
Wochenende (n)	շաբաթ, կիրակի	[šabátʰ, kirakí]

Woche (f)	շաբաթ	[šabátʰ]
letzte Woche	անցյալ շաբաթ	[antsʰjál šabátʰ]
nächste Woche	հաջորդ շաբաթ	[haʤórt shabát]

Sonnenaufgang (m)	արևածագ	[arevatság]
Sonnenuntergang (m)	մայրամուտ	[majramút]

morgens	առավոտյան	[aravotján]
nachmittags	ճաշից հետո	[čašítsʰ hetó]
abends	երեկոյան	[erekoján]
heute Abend	այսոր երեկոյան	[ajsór erekoján]
nachts	գիշերը	[gišérə]
Mitternacht (f)	կեսգիշեր	[kesgišér]

Januar (m)	հունվար	[hunvár]
Februar (m)	փետրվար	[pʰetrvár]
März (m)	մարտ	[mart]
April (m)	ապրիլ	[apríl]
Mai (m)	մայիս	[majís]
Juni (m)	հունիս	[hunís]
Juli (m)	հուլիս	[hulís]
August (m)	օգոստոս	[ogostós]

September (m)	սեպտեմբեր	[septembér]
Oktober (m)	հոկտեմբեր	[hoktembér]
November (m)	նոյեմբեր	[noembér]
Dezember (m)	դեկտեմբեր	[dektembér]

im Frühling	գարնանը	[garnánə]
im Sommer	ամռանը	[amránə]
im Herbst	աշնանը	[ašnánə]
im Winter	ձմռանը	[dzmránə]

Monat (m)	ամիս	[amís]
Saison (f)	սեզոն	[sezón]
Jahr (n)	տարի	[tarí]
Jahrhundert (n)	դար	[dar]

2. Zahlen. Zahlwörter

Ziffer (f)	թիվ	[tʰiv]
Zahl (f)	թիվ	[tʰiv]
Minus (n)	մինուս	[mínus]
Plus (n)	պլյուս	[pljus]
Summe (f)	գումար	[gumár]

der erste	առաջին	[aradʒín]
der zweite	երկրորդ	[erkrórd]
der dritte	երրորդ	[errórd]

null	զրո	[zro]
eins	մեկ	[mek]
zwei	երկու	[erkú]
drei	երեք	[erékʰ]
vier	չորս	[čors]

fünf	հինգ	[hing]
sechs	վեց	[vetsʰ]
sieben	յոթ	[jotʰ]
acht	ութ	[utʰ]
neun	ինը	[ínə]
zehn	տաս	[tas]

elf	տասնմեկ	[tasnmék]
zwölf	տասներկու	[tasnerkú]
dreizehn	տասներեք	[tasnerékʰ]
vierzehn	տասնչորս	[tasnčórs]
fünfzehn	տասնհինգ	[tasnhíng]

sechzehn	տասնվեց	[tasnvétsʰ]
siebzehn	տասնյոթ	[tasnjótʰ]
achtzehn	տասնութ	[tasnútʰ]
neunzehn	տասնինը	[tasnínə]

zwanzig	քսան	[kʰsan]
dreißig	երեսուն	[eresún]
vierzig	քառասուն	[kʰarasún]
fünfzig	հիսուն	[hisún]

sechzig	վաթսուն	[vatʰsún]
siebzig	յոթանասուն	[jotʰanasún]
achtzig	ութսուն	[utʰsún]
neunzig	իննսուն	[innsún]
einhundert	հարյուր	[harjúr]
zweihundert	երկու հարյուր	[erkú harjúr]
dreihundert	երեք հարյուր	[erékʰ harjúr]
vierhundert	չորս հարյուր	[čórs harjúr]
fünfhundert	հինգ հարյուր	[hing harjúr]

sechshundert	վեց հարյուր	[vetsʰ harjúr]
siebenhundert	յոթ հարյուր	[jotʰ harjúr]
achthundert	ութ հարյուր	[utʰ harjúr]
neunhundert	ինը հարյուր	[ínə harjúr]
eintausend	հազար	[hazár]

zehntausend	տաս հազար	[tas hazár]
hunderttausend	հարյուր հազար	[harjúr hazár]
Million (f)	միլիոն	[milión]
Milliarde (f)	միլիարդ	[miliárd]

3. Menschen. Familie

Mann (m)	տղամարդ	[tġamárd]
Junge (m)	պատանի	[pataní]
Teenager (m)	դեռահաս	[derahás]
Frau (f)	կին	[kin]
Mädchen (n)	օրիորդ	[oriórd]

Alter (n)	տարիք	[taríkʰ]
Erwachsene (m)	մեծահասակ	[metsahasák]
in mittleren Jahren	միջին տարիքի	[midʒín tarikʰí]
älterer (Adj)	տարեց	[tarétsʰ]
alt (Adj)	ծեր	[tser]

Greis (m)	ծերունի	[tseruní]
alte Frau (f)	պառավ	[paráv]
Ruhestand (m)	թոշակ	[tʰošák]
in Rente gehen	թոշակի գնալ	[tʰošakí gnál]
Rentner (m)	թոշակառու	[tʰošakarú]

Mutter (f)	մայր	[majr]
Vater (m)	հայր	[hajr]
Sohn (m)	որդի	[vordí]
Tochter (f)	դուստր	[dustr]

| Bruder (m) | եղբայր | [eġbájr] |
| Schwester (f) | քույր | [kʰujr] |

Eltern (pl)	ծնողներ	[tsnoġnér]
Kind (n)	երեխա	[ereχá]
Kinder (pl)	երեխաներ	[ereχanér]
Stiefmutter (f)	խորթ մայր	[χortʰ majr]
Stiefvater (m)	խորթ հայր	[χortʰ hajr]

Großmutter (f)	տատիկ	[tatík]
Großvater (m)	պապիկ	[papík]
Enkel (m)	թոռ	[tʰor]
Enkelin (f)	թոռնուհի	[tʰornuhí]
Enkelkinder (pl)	թոռներ	[tʰornér]

Neffe (m)	քրոջորդի, քրոջ աղջիկ	[kʰrodʒordí], [kʰrodʒ aġdʒík]
Nichte (f)	եղբորորդի, եղբոր աղջիկ	[eġborordí], [eġbór aġdʒík]
Frau (f)	կին	[kin]
Mann (m)	ամուսին	[amusín]
verheiratet (Ehemann)	ամուսնացած	[amusnatsʰáts]
verheiratet (Ehefrau)	ամուսնացած	[amusnatsʰáts]
Witwe (f)	այրի կին	[ajrí kin]
Witwer (m)	այրի տղամարդ	[ajrí tġamárd]

| Vorname (m) | անուն | [anún] |
| Name (m) | ազգանուն | [azganún] |

Verwandte (m)	ազգական	[azgakán]
Freund (m)	ընկեր	[ənkér]
Freundschaft (f)	ընկերություն	[ənkerutʰjún]

Partner (m)	գործընկեր	[gortsənkér]
Vorgesetzte (m)	պետ	[pet]
Kollege (m), Kollegin (f)	գործընկեր	[gortsənkér]
Nachbarn (pl)	հարևաններ	[harevannér]

4. Menschlicher Körper. Anatomie

Organismus (m)	օրգանիզմ	[organízm]
Körper (m)	մարմին	[marmín]
Herz (n)	սիրտ	[sirt]
Blut (n)	արյուն	[arjún]
Gehirn (n)	ուղեղ	[uġéġ]
Nerv (m)	ներվ	[nerv]

Knochen (m)	ոսկոր	[voskór]
Skelett (n)	կմախք	[kmaχkʰ]
Wirbelsäule (f)	ողնաշար	[voġnašár]
Rippe (f)	կողոսկր	[koġóskr]

Schädel (m)	գանգ	[gang]
Muskel (m)	մկան	[mkan]
Lungen (pl)	թոքեր	[tʰokʰér]
Haut (f)	մաշկ	[mašk]

Kopf (m)	գլուխ	[gluχ]
Gesicht (n)	երես	[erés]
Nase (f)	քիթ	[kʰitʰ]
Stirn (f)	ճակատ	[čakát]
Wange (f)	այտ	[ajt]
Mund (m)	բերան	[berán]
Zunge (f)	լեզու	[lezú]
Zahn (m)	ատամ	[atám]
Lippen (pl)	շրթունքներ	[šrtʰunkʰnér]
Kinn (n)	կզակ	[kzak]
Ohr (n)	ականջ	[akándʒ]
Hals (m)	պարանոց	[paranótsʰ]
Kehle (f)	կոկորդ	[kokórd]

Auge (n)	աչք	[ačkʰ]
Pupille (f)	բիբ	[bib]
Augenbraue (f)	ունք	[unkʰ]
Wimper (f)	թարթիչ	[tʰartʰíč]
Haare (pl)	մազեր	[mazér]
Frisur (f)	սանրվածք	[sanrvátskʰ]
Schnurrbart (m)	բեղեր	[beğér]
Bart (m)	մորուք	[morúkʰ]
haben (einen Bart ~)	կրել	[krel]
kahl	ճաղատ	[čağát]

Hand (f)	դաստակ	[dasták]
Arm (m)	թև	[tʰev]
Finger (m)	մատ	[mat]
Nagel (m)	եղունգ	[eğúng]
Handfläche (f)	ափ	[apʰ]

Schulter (f)	ուս	[us]
Bein (n)	ոտք	[votkʰ]
Fuß (m)	ոտնաթաթ	[votnatʰátʰ]
Knie (n)	ծունկ	[tsunk]
Ferse (f)	կրունկ	[krunk]

Rücken (m)	մեջք	[medʒkʰ]
Taille (f)	գոտկատեղ	[gotkatéğ]
Leberfleck (m)	խալ	[χal]

5. Medizin. Krankheiten. Medikamente

| Gesundheit (f) | առողջություն | [aroğdʒutʰjún] |
| gesund (Adj) | առողջ | [aróğdʒ] |

Krankheit (f)	հիվանդություն	[hivandutʰjún]
krank sein	հիվանդ լինել	[hivánd linél]
krank (Adj)	հիվանդ	[hivánd]

Erkältung (f)	մրսածություն	[mrsatsutʰjún]
sich erkälten	մրսել	[mrsel]
Angina (f)	անգինա	[angína]
Lungenentzündung (f)	թոքերի բորբոքում	[tʰokʰerí borbokʰúm]
Grippe (f)	գրիպ	[grip]

Schnupfen (m)	հարբուխ	[harbúx]
Husten (m)	հազ	[haz]
husten (vi)	հազալ	[hazál]
niesen (vi)	փռշտալ	[pʰrštal]

Schlaganfall (m)	ուղեղի կաթված	[uģeģí katʰváts]
Infarkt (m)	ինֆարկտ	[infárkt]
Allergie (f)	ալերգիա	[alergía]
Asthma (n)	աստմա	[astʰmá]
Diabetes (m)	շաքարախտ	[šakʰaráxt]

Tumor (m)	ուռուցք	[urútsʰkʰ]
Krebs (m)	քաղցկեղ	[kʰaģtskég]
Alkoholismus (m)	հարբեցողություն	[harbetsʰoģutʰjún]
AIDS	ՁԻԱՀ	[dziáh]
Fieber (n)	տենդ	[tend]
Seekrankheit (f)	ծովային հիվանդություն	[tsovajín hivandutʰjún]

blauer Fleck (m)	կապտուկ	[kaptúk]
Beule (f)	ուռուցք	[urútsʰkʰ]
hinken (vi)	կաղալ	[kaģál]
Verrenkung (f)	հոդախախտում	[hodaxaxtúm]
ausrenken (vt)	հոդախախտել	[hodaxaxtél]

Fraktur (f)	կոտրվածք	[kotrvátskʰ]
Verbrennung (f)	այրվածք	[ajrvátskʰ]
Verletzung (f)	վնասվածք	[vnasvátskʰ]
Schmerz (m)	ցավ	[tsʰav]
Zahnschmerz (m)	ատամնացավ	[atamnatsʰáv]

schwitzen (vi)	քրտնել	[kʰrtnel]
taub	խուլ	[xul]
stumm	համր	[hamr]

Immunität (f)	իմունիտետ	[imunitét]
Virus (m, n)	վարակ	[varák]
Mikrobe (f)	մանրէ	[manré]
Bakterie (f)	բակտերիա	[baktéria]
Infektion (f)	վարակ	[varák]

| Krankenhaus (n) | հիվանդանոց | [hivandanótsʰ] |
| Heilung (f) | կազդուրում | [kazdurúm] |

83

impfen (vt)	պատվաստում անել	[patvastúm anél]
im Koma liegen	կոմայի մեջ գտնվել	[komají médž ənknél]
Reanimation (f)	վերակենդանացում	[verakendanatsʰúm]
Symptom (n)	նախանշան	[naχanšán]
Puls (m)	զարկերակ	[zarkerák]

6. Empfindungen. Gefühle. Unterhaltung

ich	ես	[es]
du	դու	[du]
er, sie, es	նա	[na]

wir	մենք	[menkʰ]
ihr	դուք	[dukʰ]
sie	նրանք	[nrankʰ]
Hallo! (ugs.)	Բարի	[barév]
Hallo! (Amtsspr.)	Բարև ձեզ	[barév dzéz!]
Guten Morgen!	Բարի լույս	[barí lújs!]
Guten Tag!	Բարի օր	[barí ór!]
Guten Abend!	Բարի երեկո	[barí jerekó!]

grüßen (vi, vt)	բարևել	[barevél]
begrüßen (vt)	ողջունել	[voǧdžunél]
Wie geht's?	Ո՞նց են գործերդ	[vontsʰ en gortsérd?]
Auf Wiedersehen!	Ցտեսություն	[tsʰtesutʰjún!]
Danke!	Շնորհակալություն	[šnorhakalutʰjún!]

Gefühle (pl)	զգացմունքներ	[zgatsʰmunkʰnér]
hungrig sein	ուզենալ ուտել	[uzenál utél]
Durst haben	ուզենալ խմել	[uzenál χmel]
müde	հոգնած	[hognáts]

sorgen (vi)	անհանգստանալ	[anhangstanál]
nervös sein	նյարդայնանալ	[njardajnanál]
Hoffnung (f)	հույս	[hujs]
hoffen (vi)	հուսալ	[husál]

Charakter (m)	բնավորություն	[bnavorutʰjún]
bescheiden	համեստ	[hamést]
faul	ծույլ	[tsujl]
freigebig	ձեռնառատ	[dzernarát]
talentiert	տաղանդավոր	[taǧandavór]

ehrlich	ազնիվ	[aznív]
ernst	լուրջ	[lurdž]
schüchtern	երկչոտ	[erkčót]
aufrichtig (Adj)	անկեղծ	[ankéǧts]
Feigling (m)	վախկոտ	[vaχkót]
schlafen (vi)	քնել	[kʰnel]
Traum (m)	երազ	[eráz]

Bett (n)	մահճակալ	[mahčakál]
Kissen (n)	բարձ	[bardz]

Schlaflosigkeit (f)	անեքնություն	[ank^hnut^hjún]
schlafen gehen	գնալ քնելու	[gnal k^hnelú]
Alptraum (m)	մղձավանջ	[mġdzavándʒ]
Wecker (m)	զարթուցիչ	[zart^huts^híč]

Lächeln (n)	ժպիտ	[ʒpit]
lächeln (vi)	ժպտալ	[ʒptal]
lachen (vi)	ծիծաղել	[tsitsaġél]

Zank (m)	վեճ	[več]
Kränkung (f)	վիրավորանք	[viravoránk^h]
Beleidigung (f)	վիրավորանք	[viravoránk^h]
verärgert	բարկացած	[barkats^háts]

7. Kleidung. Persönliche Accessoires

Kleidung (f)	հագուստ	[hagúst]
Mantel (m)	վերարկու	[verarkú]
Pelzmantel (m)	մուշտակ	[mušták]
Jacke (z.B. Lederjacke)	բաճկոն	[bačkón]
Regenmantel (m)	թիկնոց	[t^hiknóts^h]
Hemd (n)	վերնաշապիկ	[vernašapík]
Hose (f)	տաբատ	[tabát]
Jackett (n)	պիջակ	[pidʒák]
Anzug (m)	կոստյում	[kostjúm]

Damenkleid (n)	զգեստ	[zgest]
Rock (m)	շրջազգեստ	[šrdʒazgést]
T-Shirt (n)	մարզաշապիկ	[marzašapík]
Bademantel (m)	խալաթ	[χalát^h]
Schlafanzug (m)	ննջազգեստ	[nndʒazgést]
Arbeitskleidung (f)	աշխատանքային համազգեստ	[ašχatank^hajín hamazgést]

Unterwäsche (f)	ներքնազգեստ	[nerk^hnazgést]
Socken (pl)	կիսագուլպա	[kisagulpá]
Büstenhalter (m)	կրծկալ	[krtsk^hákal]
Strumpfhose (f)	զուգագուլպա	[zugagulpá]
Strümpfe (pl)	գուլպաներ	[gulpanér]
Badeanzug (m)	լողազգեստ	[loġazgést]

Mütze (f)	գլխարկ	[glχark]
Schuhe (pl)	կոշիկ	[košík]
Stiefel (pl)	երկարաճիտ կոշիկներ	[erkaračít košiknér]
Absatz (m)	կրունկ	[krunk]
Schnürsenkel (m)	կոշկակապ	[koškakáp]
Schuhcreme (f)	կոշիկի քսուք	[košikí ksúk^h]

Baumwolle (f)	բամբակ	[bambák]
Wolle (f)	բուրդ	[burd]
Pelz (m)	մորթի	[mortʰí]

Handschuhe (pl)	ձեռնոցներ	[dzernotsʰnér]
Fausthandschuhe (pl)	ձեռնոց	[dzernótsʰ]
Schal (Kaschmir-)	շարֆ	[šarf]
Brille (f)	ակնոց	[aknótsʰ]
Regenschirm (m)	հովանոց	[hovanótsʰ]

Krawatte (f)	փողկապ	[pʰoǵkáp]
Taschentuch (n)	թաշկինակ	[tʰaškinák]
Kamm (m)	սանր	[sanr]
Haarbürste (f)	մազերի խոզանակ	[mazerí xozanák]
Schnalle (f)	ճարմանդ	[čarmánd]
Gürtel (m)	գոտի	[gotí]
Handtasche (f)	կանացի պայուսակ	[kanatsʰí pajusák]

Kragen (m)	օձիք	[odzíkʰ]
Tasche (f)	գրպան	[grpan]
Ärmel (m)	թևք	[tʰevkʰ]
Hosenschlitz (m)	լայնույթ	[lajnújtʰ]

Reißverschluss (m)	կայծակաճարմանդ	[kajtsaka čarmánd]
Knopf (m)	կոճակ	[kočák]
sich beschmutzen	կեղտոտվել	[keǵtotvél]
Fleck (m)	բիծ	[bits]

8. Stadt. Innerstädtische Einrichtungen

Laden (m)	խանութ	[xanútʰ]
Einkaufszentrum (n)	առևտրի կենտրոն	[arevtrí kentrón]
Supermarkt (m)	սուպերմարքեթ	[supermarkʰétʰ]
Schuhgeschäft (n)	կոշիկի սրահ	[košikí sráh]
Buchhandlung (f)	գրախանութ	[graxanútʰ]

Apotheke (f)	դեղատուն	[deǵatún]
Bäckerei (f)	հացաբուլկեղենի խանութ	[hatsʰabulkeǵení xanútʰ]
Konditorei (f)	հրուշակեղենի խանութ	[hrušakeǵení xanútʰ]
Lebensmittelladen (m)	նպարեղենի խանութ	[npareǵení xanútʰ]
Metzgerei (f)	մսի խանութ	[msi xanútʰ]
Gemüseladen (m)	բանջարեղենի կրպակ	[bandzareǵení krpák]
Markt (m)	շուկա	[šuká]

Friseursalon (m)	վարսավիրանոց	[varsaviranótsʰ]
Post (f)	փոստ	[pʰost]
chemische Reinigung (f)	քիմմաքրման կետ	[kʰimmakʰrmán két]
Zirkus (m)	կրկես	[krkes]
Zoo (m)	կենդանաբանական այգի	[kendanabanakán ajgí]
Theater (n)	թատրոն	[tʰatrón]

Kino (n)	կինոթատրոն	[kinotʰatrón]
Museum (n)	թանգարան	[tʰangarán]
Bibliothek (f)	գրադարան	[gradarán]

Moschee (f)	մզկիթ	[mzkitʰ]
Synagoge (f)	սինագոգ	[sinagóg]
Kathedrale (f)	տաճար	[tačár]
Tempel (m)	տաճար	[tačár]
Kirche (f)	եկեղեցի	[ekeġetsʰí]

Institut (n)	ինստիտուտ	[institút]
Universität (f)	համալսարան	[hamalsarán]
Schule (f)	դպրոց	[dprotsʰ]

Hotel (n)	հյուրանոց	[hjuranótsʰ]
Bank (f)	բանկ	[bank]
Botschaft (f)	դեսպանատուն	[despanatún]
Reisebüro (n)	տուրիստական գործակալություն	[turistakán gortsakalutʰjún]

U-Bahn (f)	մետրո	[metró]
Krankenhaus (n)	հիվանդանոց	[hivandanótsʰ]
Tankstelle (f)	բենզալցակայան	[benzaltsʰakaján]
Parkplatz (m)	ավտոկայան	[avtokaján]

EINGANG	ՄՈՒՏՔ	[mutkʰ]
AUSGANG	ԵԼՔ	[elkʰ]
DRÜCKEN	ԴԵՊԻ ԴՈՒՐՍ	[depí durs]
ZIEHEN	ԴԵՊԻ ՆԵՐՍ	[dépi ners]
GEÖFFNET	ԲԱՑ Է	[batsʰ ē]
GESCHLOSSEN	ՓԱԿ Է	[pʰak ē]

Denkmal (n)	արձան	[ardzán]
Festung (f)	ամրոց	[amrótsʰ]
Palast (m)	պալատ	[palát]

mittelalterlich	միջնադարյան	[midʒnadarján]
alt (antik)	հինավուրց	[hinavúrtsʰ]
national	ազգային	[azgajín]
berühmt	հայտնի	[hajtní]

9. Geld. Finanzen

Geld (n)	դրամ	[dram]
Münze (f)	մետաղադրամ	[metaġadrám]
Dollar (m)	դոլլար	[dollár]
Euro (m)	եվրո	[évro]

| Geldautomat (m) | բանկոմատ | [bankomát] |
| Wechselstube (f) | փոխանակման կետ | [pʰoχanakmán két] |

Kurs (m)	փոխարժեք	[pʰoχarʒékʰ]
Bargeld (n)	կանխիկ դրամ	[kanχík dram]
Wie viel?	Որքա՞ն արժե	[vorkʰán arʒé?]
zahlen (vt)	վճարել	[včarél]
Lohn (m)	վճար	[včár]
Wechselgeld (n)	մանր	[manr]

Preis (m)	գին	[gin]
Rabatt (m)	զեղչ	[zeǧč]
billig	էժան	[ēʒán]
teuer	թանկ	[tʰank]

Bank (f)	բանկ	[bank]
Konto (n)	հաշիվ	[hašív]
Kreditkarte (f)	վարկային քարտ	[varkʰajín kʰárt]
Scheck (m)	չեք	[čekʰ]
einen Scheck schreiben	չեք դուրս գրել	[čekʰ durs grel]
Scheckbuch (n)	չեքային գրքույկ	[čekʰajín grkʰújk]

Schulden (pl)	պարտք	[partkʰ]
Schuldner (m)	պարտապան	[partapán]
leihen (vt)	պարտքով տալ	[partkʰóv tal]
leihen, borgen (Geld usw.)	պարտքով վերցնել	[partkʰóv vertsʰnél]
leihen, mieten (ein Auto usw.)	վարձել	[vardzél]
auf Kredit	վարկով	[varkóv]
Geldtasche (f)	թղթապանակ	[tʰǧtʰapanák]
Safe (m)	չհրկիզվող պահարան	[čhrkizvóg paharán]
Erbschaft (f)	ժառանգություն	[ʒarangutʰjún]
Vermögen (n)	ունեցվածք	[unetsʰvátskʰ]

Steuer (f)	հարկ	[hark]
Geldstrafe (f)	տուգանք	[tugánkʰ]
bestrafen (vt)	տուգանել	[tuganél]

Großhandels-	մեծածախ	[metsatsáχ]
Einzelhandels-	մանրածախ	[manratsáχ]
versichern (vt)	ապահովագրել	[apahovagrél]
Versicherung (f)	ապահովագրություն	[apahovagrutʰjún]

Kapital (n)	կապիտալ	[kapitál]
Umsatz (m)	շրջանառություն	[šrdʒanarutʰjún]
Aktie (f)	բաժնետոմս	[baʒnetóms]
Gewinn (m)	շահույթ	[šahújtʰ]
gewinnbringend	շահավետ	[šahavét]

Krise (f)	ճգնաժամ	[čgnaʒám]
Bankrott (m)	սնանկություն	[snankutʰjún]
Bankrott machen	սնանկանալ	[snenkanál]
Buchhalter (m)	հաշվապահ	[hašvapáh]
Lohn (m)	աշխատավարձ	[ašχatavárdz]
Prämie (f)	պարգևավճար	[pargevavčár]

10. Transport

Bus (m)	ավտոբուս	[avtobús]
Straßenbahn (f)	տրամվայ	[tramváj]
Obus (m)	տրոլեյբուս	[trolejbús]
mit ... fahren	... ով գնալ	[... ov gnal]
einsteigen (vi)	նստել	[nstel]
aussteigen (aus dem Bus)	իջնել	[idʒnél]
Haltestelle (f)	կանգառ	[kangár]
Endhaltestelle (f)	վերջին կանգառ	[verdʒín kangár]
Fahrplan (m)	ժամանակացույց	[ʒamanakatsʰújtsʰ]
Fahrkarte (f)	տոմս	[toms]
sich verspäten	ուշանալ	[ušanál]
Taxi (n)	տաքսի	[taksí]
mit dem Taxi	տաքսիով	[taksióv]
Taxistand (m)	տաքսիների կայան	[taksinerí kaján]
Straßenverkehr (m)	ճանապարհային երթեւեկություն	[čanaparhajín ertʰevekutʰjún]
Hauptverkehrszeit (f)	պիկ ժամ	[pík ʒám]
parken (vi)	կանգնեցնել	[kangnetsʰnél]
U-Bahn (f)	մետրո	[metró]
Station (f)	կայարան	[kajarán]
Zug (m)	գնացք	[gnatsʰkʰ]
Bahnhof (m)	կայարան	[kajarán]
Schienen (pl)	գծեր	[gtser]
Abteil (n)	կուպե	[kupé]
Liegeplatz (m), Schlafkoje (f)	մահճակ	[mahčák]
Flugzeug (n)	ինքնաթիռ	[inkʰnatʰír]
Flugticket (n)	ավիատոմս	[aviatóms]
Fluggesellschaft (f)	ավիաընկերություն	[aviaənkerutʰjún]
Flughafen (m)	օդանավակայան	[odanavakaján]
Flug (m)	թռիչք	[tʰričkʰ]
Gepäck (n)	ուղեբեռ	[uǧebér]
Kofferkuli (m)	սայլակ	[sajlák]
Schiff (n)	նավ	[nav]
Kreuzfahrtschiff (n)	լայներ	[lájner]
Jacht (f)	զբոսանավ	[zbosanáv]
Boot (n)	նավակ	[navák]
Kapitän (m)	նավապետ	[navapét]
Kajüte (f)	նավասենյակ	[navasenják]
Hafen (m)	նավահանգիստ	[navahangíst]
Fahrrad (n)	հեծանիվ	[hetsanív]

Motorroller (m)	մոտոռոլլեր	[motoróller]
Motorrad (n)	մոտոցիկլ	[mototsʰíkl]
Pedal (n)	ոտնակ	[votnák]
Pumpe (f)	պոմպ	[pomp]
Rad (n)	անիվ	[anív]

Auto (n)	ավտոմեքենա	[avtomekʰená]
Krankenwagen (m)	շտապ օգնություն	[štáp ognutʰjún]
Lastkraftwagen (m)	բեռնատար	[bernatár]
gebraucht	օգտագործված	[ogtagortsváts]
Unfall (m)	վթար	[vtʰar]
Reparatur (f)	նորոգում	[norogúm]

11. Essen. Teil 1

Fleisch (n)	միս	[mis]
Hühnerfleisch (n)	հավ	[hav]
Ente (f)	բադ	[bad]

Schweinefleisch (n)	խոզի միս	[xozí mis]
Kalbfleisch (n)	հորթի միս	[hortʰí mís]
Hammelfleisch (n)	ոչխարի միս	[vočxarí mis]
Rindfleisch (n)	տավարի միս	[tavarí mis]

Wurst (f)	երշիկ	[eršík]
Ei (n)	ձու	[dzu]
Fisch (m)	ձուկ	[dzuk]
Käse (m)	պանիր	[panír]
Zucker (m)	շաքար	[šakʰár]
Salz (n)	աղ	[aǵ]

Reis (m)	բրինձ	[brindz]
Teigwaren (pl)	մակարոն	[makarón]
Butter (f)	սերուցքային կարագ	[serutsʰkʰajín karág]
Pflanzenöl (n)	բուսական յուղ	[busakán júǵ]
Brot (n)	հաց	[hatsʰ]
Schokolade (f)	շոկոլադ	[šokolád]

Wein (m)	գինի	[giní]
Kaffee (m)	սուրճ	[surč]
Milch (f)	կաթ	[katʰ]
Saft (m)	հյութ	[hjutʰ]
Bier (n)	գարեջուր	[garedʒúr]
Tee (m)	թեյ	[tʰej]

Tomate (f)	լոլիկ	[lolík]
Gurke (f)	վարունգ	[varúng]
Karotte (f)	գազար	[gazár]
Kartoffel (f)	կարտոֆիլ	[kartofíl]
Zwiebel (f)	սոխ	[sox]

Knoblauch (m)	սխտոր	[sχtor]
Kohl (m)	կաղամբ	[kaġámb]
Rote Bete (f)	բազուկ	[bazúk]
Aubergine (f)	սմբուկ	[smbuk]
Dill (m)	սամիթ	[samítʰ]
Kopf Salat (m)	սալաթ	[salátʰ]
Mais (m)	եգիպտացորեն	[egiptatsʰorén]

Frucht (f)	միրգ	[mirg]
Apfel (m)	խնձոր	[χndzor]
Birne (f)	տանձ	[tandz]
Zitrone (f)	կիտրոն	[kitrón]
Apfelsine (f)	նարինջ	[naríndʒ]
Erdbeere (f)	ելակ	[elák]

Pflaume (f)	սալոր	[salór]
Himbeere (f)	մորի	[morí]
Ananas (f)	արքայախնձոր	[arkʰajaχndzór]
Banane (f)	բանան	[banán]
Wassermelone (f)	ձմերուկ	[dzmerúk]
Weintrauben (pl)	խաղող	[χaġóġ]
Melone (f)	սեխ	[seχ]

12. Essen. Teil 2

Küche (f)	խոհանոց	[χohanótsʰ]
Rezept (n)	բաղադրատոմս	[baġadratóms]
Essen (n)	կերակուր	[kerakúr]

frühstücken (vi)	նախաճաշել	[naχačašél]
zu Mittag essen	ճաշել	[čašél]
zu Abend essen	ընթրել	[entʰrél]

Geschmack (m)	համ	[ham]
lecker	համեղ	[haméġ]
kalt	սառը	[sárə]
heiß	տաք	[takʰ]
süß	քաղցր	[kʰaġtsʰr]
salzig	աղի	[aġí]

belegtes Brot (n)	բրդուճ	[brduč]
Beilage (f)	գառնիր	[garnír]
Füllung (f)	լցոն	[ltsʰon]
Soße (f)	սոուս	[soús]
Stück (ein ~ Kuchen)	կտոր	[ktor]

Diät (f)	սննդակարգ	[snndakárg]
Vitamin (n)	վիտամին	[vitamín]
Kalorie (f)	կալորիա	[kalória]
Vegetarier (m)	բուսակեր	[busakér]

Restaurant (n)	ռեստորան	[restorán]
Kaffeehaus (n)	սրճարան	[srčarán]
Appetit (m)	ախորժակ	[axoržák]
Guten Appetit!	Բարի ախորժա՛կ	[barí axoržák]

Kellner (m)	մատուցող	[matuts'óġ]
Kellnerin (f)	մատուցողուհի	[matuts'oġuhí]
Barmixer (m)	բարմեն	[barmén]
Speisekarte (f)	մենյու	[menjú]

Löffel (m)	գդալ	[gdal]
Messer (n)	դանակ	[danák]
Gabel (f)	պատառաքաղ	[patarak'áġ]
Tasse (eine ~ Tee)	բաժակ	[bažák]

Teller (m)	ափսե	[ap'sé]
Untertasse (f)	պնակ	[pnak]
Serviette (f)	անձեռոցիկ	[andzerots'ík]
Zahnstocher (m)	ատամնափորիչ	[atamnap'oríč]

bestellen (vt)	պատվիրել	[patvirél]
Gericht (n)	ճաշատեսակ	[čašatesák]
Portion (f)	բաժին	[bažín]
Vorspeise (f)	խորտիկ	[xortík]
Salat (m)	աղցան	[aġts'án]
Suppe (f)	ապուր	[apúr]

Nachtisch (m)	աղանդեր	[aġandér]
Konfitüre (f)	մուրաբա	[murabá]
Eis (n)	պաղպաղակ	[paġpaġák]
Rechnung (f)	հաշիվ	[hašív]
Rechnung bezahlen	հաշիվը փակել	[hašíve p'akél]
Trinkgeld (n)	թեյավճար	[t'ejap'óġ]

13. Haus. Wohnung. Teil 1

Haus (n)	տուն	[tun]
Landhaus (n)	բաղաքից դուրս տուն	[k'aġakíts' durs tun]
Villa (f)	վիլլա	[vílla]

Stock (m)	հարկ	[hark]
Eingang (m)	մուտք	[mutk']
Wand (f)	պատ	[pat]
Dach (n)	տանիք	[taník']
Schlot (m)	խողովակ	[xoġovák]

Dachboden (m)	ձեղնահարկ	[dzeġnahárk]
Fenster (n)	պատուհան	[patuhán]
Fensterbrett (n)	պատուհանագոգ	[patuhanagóg]
Balkon (m)	պատշգամբ	[patšgámb]

Treppe (f)	աստիճան	[astičán]
Briefkasten (m)	փոստարկղ	[pʰostárkġ]
Müllkasten (m)	աղբարկղ	[aġbárkġ]
Aufzug (m)	վերելակ	[verelák]

Elektrizität (f)	էլեկտրականություն	[ēlektrakanutʰjún]
Glühbirne (f)	լամպ	[lamp]
Schalter (m)	անջատիչ	[andʒatíč]
Steckdose (f)	վարդակ	[vardák]
Sicherung (f)	ապահովիչ	[apahovíč]

Tür (f)	դուռ	[dur]
Griff (m)	բռնակ	[brnak]
Schlüssel (m)	բանալի	[banalí]
Fußmatte (f)	փոքր գորգ	[pʰokʰr gorg]
Schloss (n)	փական	[pʰakán]
Türklingel (f)	զանգ	[zang]
Klopfen (n)	թակոց	[tʰakótsʰ]
anklopfen (vi)	թակել	[tʰakél]
Türspion (m)	դիտանցք	[ditántsʰkʰ]

Hof (m)	բակ	[bak]
Garten (m)	այգի	[ajgí]
Schwimmbad (n)	լողավազան	[loġavazán]
Kraftraum (m)	սպորտային դահլիճ	[sportajín dahlíč]
Tennisplatz (m)	թենիսի հարթակ	[tʰenisí harták]
Garage (f)	ավտոտնակ	[avtotnák]

Privateigentum (n)	մասնավոր սեփականություն	[masnavór sepʰakanutʰjún]
Warnschild (n)	զգուշացնող գրություն	[zgušatsʰnóġ grutʰjún]
Bewachung (f)	պահակություն	[pahakutʰjún]
Wächter (m)	պահակ	[pahák]

Renovierung (f)	վերանորոգում	[veranorogúm]
renovieren (vt)	վերանորոգում անել	[veranorogúm anél]
in Ordnung bringen	կարգի բերել	[kargí berél]
streichen (vt)	ներկել	[nerkél]
Tapete (f)	պաստառ	[pastár]

lackieren (vt)	լաքապատել	[lakʰapatél]
Rohr (n)	խողովակ	[χoġovák]
Werkzeuge (pl)	գործիքներ	[gortsikʰnér]
Keller (m)	նկուղ	[nkuġ]
Kanalisation (f)	կոյուղի	[kojuġí]

14. Haus. Wohnung. Teil 2

| Wohnung (f) | բնակարան | [bnakarán] |
| Zimmer (n) | սենյակ | [senják] |

| Schlafzimmer (n) | ննջարան | [nndʒarán] |
| Esszimmer (n) | ճաշասենյակ | [čašasenják] |

Wohnzimmer (n)	հյուրասենյակ	[hjurasenják]
Arbeitszimmer (n)	աշխատասենյակ	[ašχatasenják]
Vorzimmer (n)	նախասենյակ	[naχasenják]
Badezimmer (n)	լոգարան	[logarán]
Toilette (f)	զուգարան	[zugarán]

| Fußboden (m) | հատակ | [haták] |
| Decke (f) | առաստաղ | [arastáġ] |

Staub abwischen	փոշին սրբել	[pʰošín srbél]
Staubsauger (m)	փոշեկուլ	[pʰošekúl]
Staub saugen	փոշեկուլով մաքրել	[pʰošekulóv makʰrél]

Schrubber (m)	շվաբր	[švabr]
Lappen (m)	շնցող	[dʒndʒotsʰ]
Besen (m)	ավել	[avél]
Kehrichtschaufel (f)	աղբական	[aġbakál]
Möbel (n)	կահույք	[kahújkʰ]
Tisch (m)	սեղան	[seġán]
Stuhl (m)	աթոռ	[atʰór]
Sessel (m)	բազկաթոռ	[bazkatʰór]

Bücherschrank (m)	գրապահարան	[grapaharán]
Regal (n)	դարակ	[darák]
Schrank (m)	պահարան	[paharán]

Spiegel (m)	հայելի	[hajelí]
Teppich (m)	գորգ	[gorg]
Kamin (m)	բուխարի	[buχarí]
Vorhänge (pl)	վարագույր	[varagújr]
Tischlampe (f)	սեղանի լամպ	[seġaní lámp]
Kronleuchter (m)	ջահ	[dʒah]

Küche (f)	խոհանոց	[χohanótsʰ]
Gasherd (m)	գազօջախ	[gazodʒáχ]
Elektroherd (m)	էլեկտրական սալօջախ	[ēlektrakán salodʒáχ]
Mikrowellenherd (m)	միկրոալիքային վառարան	[mikroalikʰajín vararán]

Kühlschrank (m)	սառնարան	[sarnarán]
Tiefkühltruhe (f)	սառնախցիկ	[sarnaχtsʰík]
Geschirrspülmaschine (f)	աման լվացող մեքենա	[amán lvatsʰóġ mekʰená]
Wasserhahn (m)	ծորակ	[tsorák]

Fleischwolf (m)	մսաղաց	[msaġátsʰ]
Saftpresse (f)	հյութաքամիչ	[hjutʰakʰamíč]
Toaster (m)	տոստեր	[tostér]
Mixer (m)	հարիչ	[haríč]
Kaffeemaschine (f)	սրճեփ	[srčepʰ]

| Wasserkessel (m) | թեյնիկ | [tʰejník] |
| Teekanne (f) | թեյամման | [tʰejamán] |

Fernseher (m)	հեռուստացույց	[herustatsʰújtsʰ]
Videorekorder (m)	տեսամագնիտոֆոն	[tesamagnitofón]
Bügeleisen (n)	արդուկ	[ardúk]
Telefon (n)	հեռախոս	[heraχós]

15. Beschäftigung. Sozialstatus

Direktor (m)	տնoրեն	[tnorén]
Vorgesetzte (m)	պետ	[pet]
Präsident (m)	նախագահ	[naχagáh]
Helfer (m)	oգնական	[ognakán]
Sekretär (m)	քարտուղար	[kʰartuġár]

Besitzer (m)	սեփականատեր	[sepʰakanatér]
Partner (m)	գործընկեր	[gortsənkér]
Aktionär (m)	բաժնետեր	[baʒnetér]

Geschäftsmann (m)	գործարար	[gortsarár]
Millionär (m)	միլիոնատեր	[milionatér]
Milliardär (m)	միլիարդեր	[miliardatér]

Schauspieler (m)	դերասան	[derasán]
Architekt (m)	ճարտարապետ	[čartarapét]
Bankier (m)	բանկատեր	[bankatér]
Makler (m)	բրոկեր	[bróker]
Tierarzt (m)	անասնաբույժ	[anasnabújʒ]
Arzt (m)	բժիշկ	[bʒišk]
Zimmermädchen (n)	սպասավորուհի	[spasavoruhí]
Designer (m)	դիզայներ	[dizajnér]
Korrespondent (m)	թղթակից	[tʰġtʰakítsʰ]
Ausfahrer (m)	առաքիչ	[arakʰíč]

Elektriker (m)	մոնտյոր	[montjor]
Musiker (m)	երաժիշտ	[eraʒíšt]
Kinderfrau (f)	դայակ	[daják]
Friseur (m)	վարսահարդար	[varsahardár]
Hirt (m)	հովիվ	[hovív]

Sänger (m)	երգիչ	[ergíč]
Übersetzer (m)	թարգմանիչ	[tʰargmaníč]
Schriftsteller (m)	գրող	[groġ]
Zimmermann (m)	ատաղձագործ	[ataġdzagórts]
Koch (m)	խոհարար	[χoharár]

Feuerwehrmann (m)	հրշեջ	[hršedʒ]
Polizist (m)	ոստիկան	[vostikán]
Briefträger (m)	փոստատար	[pʰostatár]

Programmierer (m)	ծրագրավորող	[tsragravoróg]
Verkäufer (m)	վաճառող	[vačaróg]

Arbeiter (m)	բանվոր	[banvór]
Gärtner (m)	այգեպան	[ajgepán]
Klempner (m)	սանտեխնիկ	[santeχník]
Zahnarzt (m)	ատամնաբույժ	[atamnabújʒ]
Flugbegleiterin (f)	ուղեկցորդուհի	[ugektshorduhí]

Tänzer (m)	պարող	[paróg]
Leibwächter (m)	թիկնապահ	[thiknapáh]
Wissenschaftler (m)	գիտնական	[gitnakán]
Lehrer (m)	ուսուցիչ	[ususthíč]

Farmer (m)	ֆերմեր	[fermér]
Chirurg (m)	վիրաբույժ	[virabújʒ]
Bergarbeiter (m)	հանքափոր	[hankhaphór]
Chefkoch (m)	շեֆ-խոհարար	[šéf χoharár]
Fahrer (m)	վարորդ	[varórd]

16. Sport

Sportart (f)	մարզաձև	[marzadzév]
Fußball (m)	ֆուտբոլ	[futból]
Eishockey (n)	հոկեյ	[hokéj]
Basketball (m)	բասկետբոլ	[basketból]
Baseball (m, n)	բեյսբոլ	[bejsból]

Volleyball (m)	վոլեյբոլ	[volejból]
Boxen (n)	բռնցքամարտ	[brntshkhamárt]
Ringen (n)	ըմբշամարտ	[əmbšamárt]
Tennis (n)	թենիս	[thenís]
Schwimmen (n)	լող	[log]

Schach (n)	շախմատ	[šaχmát]
Lauf (m)	մրցավազք	[mrtshavázkh]
Leichtathletik (f)	թեթև ատլետիկա	[thethév atlétika]
Eiskunstlauf (m)	գեղասահք	[gegasáhkh]
Radfahren (n)	հեծանվասպորտ	[hetsanvaspórt]

Billard (n)	բիլյարդ	[biljárd]
Bodybuilding (n)	բոդիբիլդինգ	[bodibílding]
Golf (n)	գոլֆ	[golf]
Tauchen (n)	դայվինգ	[dájving]
Segelsport (m)	առագաստանավային սպորտ	[aragastanavajín sport]

Bogenschießen (n)	նետաձգություն	[netadzguthjún]

Halbzeit (f)	խաղակես	[χagakés]
Halbzeit (f), Pause (f)	ընդմիջում	[əndmidʒúm]

| Unentschieden (n) | ոչ ոքի | [voč vokʰí] |
| unentschieden spielen | ոչ ոքի խաղալ | [voč vokʰí χaġál] |

Laufband (n)	վազքուղի	[vazkʰúġí]
Spieler (m)	խաղացող	[χaġatsʰóġ]
Ersatzspieler (m)	պահեստային խաղացող	[pahestajín χaġatsʰóġ]
Ersatzbank (f)	պահեստայինների նստարան	[pahestajinnerí nstarán]

Spiel (n)	հանդիպում	[handipúm]
Tor (n)	դարպաս	[darpás]
Torwart (m)	դարպասապահ	[darpasapáh]
Tor (n)	գոլ	[gol]

Olympische Spiele (pl)	օլիմպիական խաղեր	[olimpiakán χaġér]
einen Rekord aufstellen	սահմանել ռեկորդ	[sahmanél rekórd]
Finale (n)	ավարտ	[avárt]
Meister (m)	չեմպյոն	[čempión]
Meisterschaft (f)	առաջնություն	[aradʒnutʰjún]

Sieger (m)	հաղթող	[haġtʰóġ]
Sieg (m)	հաղթանակ	[haġtʰanák]
gewinnen (Sieger sein)	հաղթել	[haġtʰél]
verlieren (vt)	պարտվել	[partvél]
Medaille (f)	մեդալ	[medál]

der erste Platz	առաջին տեղ	[aradʒín téġ]
der zweite Platz	երկրորդ տեղ	[erkrórd teġ]
der dritte Platz	երրորդ տեղ	[errórd teġ]

Stadion (n)	մարզադաշտ	[marzadášt]
Fan (m)	մարզասեր	[marzasér]
Trainer (m)	մարզիչ	[marzíč]
Training (n)	մարզում	[marzúm]

17. Fremdsprachen. Orthografie

Sprache (f)	լեզու	[lezú]
studieren (z.B. Jura ~)	ուսումնասիրել	[usumnasirél]
Aussprache (f)	արտասանություն	[artasanutʰjún]
Akzent (m)	ակցենտ	[aktsʰént]

Substantiv (n)	գոյական	[gojakán]
Adjektiv (n)	ածական	[atsakán]
Verb (n)	բայ	[baj]
Adverb (n)	մակբայ	[makbáj]

Pronomen (n)	դերանուն	[deranún]
Interjektion (f)	ձայնարկություն	[dzajnarkutʰjún]
Präposition (f)	նախդիր	[naχdír]

Wurzel (f)	արմատ	[armát]
Endung (f)	վերջավորություն	[verdʒavorutʰjún]
Vorsilbe (f)	նախածանց	[naχatsánts ʰ]
Silbe (f)	վանկ	[vank]
Suffix (n), Nachsilbe (f)	վերջածանց	[verdʒatsántsʰ]

Betonung (f)	շեշտ	[šešt]
Punkt (m)	վերջակետ	[verdʒakét]
Komma (n)	ստորակետ	[storakét]
Doppelpunkt (m)	բութ	[butʰ]
Auslassungspunkte (pl)	բազմակետ	[bazmakét]

Frage (f)	հարց	[hartsʰ]
Fragezeichen (n)	հարցական նշան	[hartsʰakán nšan]
Ausrufezeichen (n)	բացականչական նշան	[batsʰakančakán nšán]

| in Anführungszeichen | չակերտների մեջ | [čakertnerí médʒ] |
| in Klammern | փակագծերի մեջ | [pʰakagtserí medʒ] |

| Buchstabe (m) | տառ | [tar] |
| Großbuchstabe (m) | մեծատառ | [metsatár] |

Satz (m)	նախադասություն	[naχadasutʰjún]
Wortverbindung (f)	բառակապակցություն	[barakapaktsʰutʰjún]
Redensart (f)	արտահայտություն	[artahajtutʰjún]

| Subjekt (n) | ենթակա | [entʰaká] |
| Prädikat (n) | ստորոգյալ | [storogjál] |

| Zeile (f) | տող | [toǧ] |
| Absatz (m) | պարբերություն | [parberutʰjún] |

| Synonym (n) | հոմանիշ | [homaníš] |
| Antonym (n) | հականիշ | [hakaníš] |

| Ausnahme (f) | բացառություն | [batsʰarutʰjún] |
| unterstreichen (vt) | ընդգծել | [əndgtsél] |

Regeln (pl)	կանոն	[kanón]
Grammatik (f)	քերականություն	[kʰerakanutʰjún]
Vokabular (n)	բառագիտություն	[baragitutʰjún]

| Phonetik (f) | հնչյունաբանություն | [hnčjunabanutʰjún] |
| Alphabet (n) | այբուբեն | [ajbubén] |

Lehrbuch (n)	դասագիրք	[dasagírkʰ]
Wörterbuch (n)	բառարան	[bararán]
Sprachführer (m)	զրուցարան	[zrutsʰarán]

Wort (n)	բառ	[bar]
Bedeutung (f)	իմաստ	[imást]
Gedächtnis (n)	հիշողություն	[hišoǧutʰjún]

18. Die Erde. Geografie

Erde (f)	Երկիր	[erkír]
Erdkugel (f)	երկրագունդ	[erkragúnd]
Planet (m)	մոլորակ	[molorák]

Geographie (f)	աշխարհագրություն	[ašχarhagrutʰjún]
Natur (f)	բնություն	[bnutʰjún]
Landkarte (f)	քարտեզ	[kʰartéz]
Atlas (m)	ատլաս	[atlás]

im Norden	հյուսիսում	[hjusisúm]
im Süden	հարավում	[haravúm]
im Westen	արևմուտքում	[arevmutkʰúm]
im Osten	արևելքում	[arevelkʰúm]

Meer (n), See (f)	ծով	[tsov]
Ozean (m)	օվկիանոս	[ovkianós]
Golf (m)	ծոց	[tsotsʰ]
Meerenge (f)	նեղուց	[neġútsʰ]

Kontinent (m)	մայրցամաք	[majrtsʰamákʰ]
Insel (f)	կղզի	[kġzi]
Halbinsel (f)	թերակղզի	[tʰerakġzí]
Archipel (m)	արշիպելագ	[aršipelág]

Hafen (m)	նավահանգիստ	[navahangíst]
Korallenriff (n)	մարջանախութ	[mardʒanaχútʰ]
Ufer (n)	ափ	[apʰ]
Küste (f)	ծովափ	[tsovápʰ]

Flut (f)	մակընթացություն	[makəntʰatsʰutʰjún]
Ebbe (f)	տեղատվություն	[teġatvutʰjún]

Breite (f)	լայնություն	[lajnutʰjún]
Länge (f)	երկարություն	[erkarutʰjún]
Breitenkreis (m)	զուգահեռական	[zugaherakán]
Äquator (m)	հասարակած	[hasarakáts]

Himmel (m)	երկինք	[erkínkʰ]
Horizont (m)	հորիզոն	[horizón]
Atmosphäre (f)	մթնոլորտ	[mtʰnolórt]

Berg (m)	լեռ	[ler]
Gipfel (m)	գագաթ	[gagátʰ]
Fels (m)	ժայռ	[ʒajr]
Hügel (m)	բլուր	[blur]

Vulkan (m)	հրաբուխ	[hrabúχ]
Gletscher (m)	սառցադաշտ	[sartsʰadášt]
Wasserfall (m)	ջրվեժ	[dʒrveʒ]

Ebene (f)	հարթավայր	[hartʰavájr]
Fluss (m)	գետ	[get]
Quelle (f)	աղբյուր	[aġbjúr]
Ufer (n)	ափ	[apʰ]
stromabwärts	հոսանքն ի վայր	[hosánkʰn í vájr]
stromaufwärts	հոսանքն ի վեր	[hosánkʰn í vér]

See (m)	լիճ	[lič]
Damm (m)	ամբարտակ	[ambarták]
Kanal (m)	ջրանցք	[dʒrántsʰkʰ]
Sumpf (m), Moor (n)	ճահիճ	[čahíč]
Eis (n)	սառույց	[sarújtsʰ]

19. Länder. Teil 1

Europa (n)	Եվրոպա	[evrópa]
Europäische Union (f)	Եվրոմիություն	[evromiutʰjún]
Europäer (m)	եվրոպացի	[evropatsʰí]
europäisch	եվրոպական	[evropakán]

Österreich	Ավստրիա	[avstria]
Großbritannien	Մեծ Բրիտանիա	[mets británia]
England	Անգլիա	[ánglia]
Belgien	Բելգիա	[bélgia]
Deutschland	Գերմանիա	[germánia]

Niederlande (f)	Նիդերլանդներ	[niderlandnér]
Holland (n)	Հոլանդիա	[holándia]
Griechenland	Հունաստան	[hunastán]
Dänemark	Դանիա	[dánia]
Irland	Իռլանդիա	[irlándia]

Island	Իսլանդիա	[islándia]
Spanien	Իսպանիա	[ispánia]
Italien	Իտալիա	[itália]
Zypern	Կիպրոս	[kiprós]
Malta	Մալթա	[máltʰa]

Norwegen	Նորվեգիա	[norvégia]
Portugal	Պորտուգալիա	[portugália]
Finnland	Ֆինլանդիա	[finlándia]
Frankreich	Ֆրանսիա	[fránsia]
Schweden	Շվեդիա	[švédia]

Schweiz (f)	Շվեյցարիա	[švejtsʰária]
Schottland	Շոտլանդիա	[šotlándia]
Vatikan (m)	Վատիկան	[vatikán]
Liechtenstein	Լիխտենշտայն	[liχtenštájn]
Luxemburg	Լյուքսեմբուրգ	[ljukʰsembúrg]
Monaco	Մոնակո	[monáko]

Albanien	Ալբանիա	[albánia]
Bulgarien	Բուլղարիա	[bulgária]
Ungarn	Վենգրիա	[véngria]
Lettland	Լատվիա	[látvia]

Litauen	Լիտվա	[litvá]
Polen	Լեհաստան	[lehastán]
Rumänien	Ռումինիա	[rumínia]
Serbien	Սերբիա	[sérbia]
Slowakei (f)	Սլովակիա	[slovákia]

Kroatien	Խորվատիա	[χorvátia]
Tschechien	Չեխիա	[čéχia]
Estland	Էստոնիա	[ēstónia]
Bosnien und Herzegowina	Բոսնիա և Հերցեգովինա	[bósnia év hertshegovína]
Makedonien	Մակեդոնիա	[makedónia]

Slowenien	Սլովենիա	[slovénia]
Montenegro	Չեռնոգորիա	[černogória]
Weißrussland	Բելառուս	[belarús]
Moldawien	Մոլդովա	[moldóva]
Russland	Ռուսաստան	[rusastán]
Ukraine (f)	Ուկրաինա	[ukraína]

20. Länder. Teil 2

Asien	Ասիա	[ásia]
Vietnam	Վիետնամ	[vjetnám]
Indien	Հնդկաստան	[hndkastán]
Israel	Իսրայել	[israjél]
China	Չինաստան	[činastán]

Libanon (m)	Լիբանան	[libanán]
Mongolei (f)	Մոնղոլիա	[mongólia]
Malaysia	Մալայզիա	[malájzia]
Pakistan	Պակիստան	[pakistán]
Saudi-Arabien	Սաուդյան Արաբիա	[saudján arábia]

Thailand	Թաիլանդ	[thailánd]
Taiwan	Թայվան	[thajván]
Türkei (f)	Թուրքիա	[thúrkhia]
Japan	Ճապոնիա	[čapónia]
Afghanistan	Աֆղանստան	[afġanstán]

Bangladesch	Բանգլադեշ	[bangladéš]
Indonesien	Ինդոնեզի	[indonézia]
Jordanien	Հորդանան	[hordanán]
Irak	Իրաք	[irákh]
Iran	Պարսկաստան	[parskastán]
Kambodscha	Կամպուչիա	[kampučía]

Kuwait	Քուվեյթ	[kʰuvéjtʰ]
Laos	Լաոս	[laós]
Myanmar	Մյանմար	[mjanmár]
Nepal	Նեպալ	[nepál]

Vereinigten Arabischen Emirate	Միավորված Արաբական Էմիրություններ	[miavorváts arabakán ēmirutʰjunnér]
Syrien	Սիրիա	[síria]
Palästina	Պաղեստինյան ինքնավարություն	[paġestinján inkʰnavarutʰjún]
Südkorea	Հարավային Կորեա	[haravajín koréa]
Nordkorea	Հյուսիսային Կորեա	[hjusisajín koréa]

Die Vereinigten Staaten	Ամերիկայի Միացյալ Նահանգներ	[amerikají miatsʰjál nahangnér]
Kanada	Կանադա	[kanáda]
Mexiko	Մեքսիկա	[mékʰsika]
Argentinien	Արգենտինա	[argentína]
Brasilien	Բրազիլիա	[brazília]

Kolumbien	Կոլումբիա	[kolúmbia]
Kuba	Կուբա	[kúba]
Chile	Չիլի	[číli]
Venezuela	Վենեսուելա	[venesuéla]
Ecuador	Էկվադոր	[ēkvadór]

Die Bahamas	Բահամյան կղզիներ	[bahamján kġzinér]
Panama	Պանամա	[panáma]
Ägypten	Եգիպտոս	[egiptós]
Marokko	Մարոկկո	[marókko]
Tunesien	Թունիս	[tʰunís]

Kenia	Քենիա	[kʰénia]
Libyen	Լիբիա	[líbia]
Republik Südafrika	Հարավ-Աֆրիկյան հանրապետություն	[haráv afrikján hanrapetutʰjún]
Australien	Ավստրալիա	[avstrália]
Neuseeland	Նոր Զելանդիա	[nor zelándia]

21. Wetter. Naturkatastrophen

Wetter (n)	եղանակ	[eġanák]
Wetterbericht (m)	եղանակի տեսություն	[eġanakí tesutʰjún]
Temperatur (f)	ջերմաստիճան	[dʒermastičán]
Thermometer (n)	ջերմաչափ	[dʒermačápʰ]
Barometer (n)	ճնշմաչափ	[tsanračápʰ]

Sonne (f)	արև	[arév]
scheinen (vi)	շողալ	[šoġál]
sonnig (Adj)	արևային	[arevajín]

aufgehen (vi)	ծագել	[tsagél]
untergehen (vi)	մայր մտնել	[majr mtnel]

Regen (m)	անձրև	[andzrév]
Es regnet	անձրև է գալիս	[andzrév ē galís]
strömender Regen (m)	տեղատարափ անձրև	[teġatarápʰ andzrév]
Regenwolke (f)	թուխպ	[tʰuxp]
Pfütze (f)	ջրակույտ	[dȝrakújt]
nass werden (vi)	թրջվել	[tʰrdȝvel]

Gewitter (n)	փոթորիկ	[pʰotʰorík]
Blitz (m)	կայծակ	[kajtsák]
blitzen (vi)	փայլատակել	[pʰajlatakél]
Donner (m)	որոտ	[vorót]
Es donnert	ամպերը որոտում են	[ampérə vorotúm én]
Hagel (m)	կարկուտ	[karkút]
Es hagelt	կարկուտ է գալիս	[karkút ē galís]

Hitze (f)	տապ	[tap]
ist heiß	շոգ է	[šog ē]
ist warm	տաք է	[takʰ ē]
ist kalt	ցուրտ է	[tsʰúrt ē]

Nebel (m)	մառախուղ	[maraχúġ]
neblig (-er Tag)	մառախլապատ	[maraχlapát]
Wolke (f)	ամպ	[amp]
bewölkt, wolkig	ամպամած	[ampamáts]
Feuchtigkeit (f)	խոնավություն	[χonavutʰjún]

Schnee (m)	ձյուն	[dzjun]
Es schneit	ձյուն է գալիս	[dzjún ē galís]
Frost (m)	սառնամանիք	[sarnamaníkʰ]
unter Null	զրոյից ցածր	[zrojítsʰ tsʰátsr]
Reif (m)	եղյամ	[eġjám]

Unwetter (n)	վատ եղանակ	[vat eġanák]
Katastrophe (f)	աղետ	[aġét]
Überschwemmung (f)	հեղեղում	[heġeġúm]
Lawine (f)	հուսին	[husín]
Erdbeben (n)	երկրաշարժ	[erkrašárȝ]

Erschütterung (f)	ցնցում	[tsʰntsʰum]
Epizentrum (n)	էպիկենտրոն	[ēpikentrón]

Ausbruch (m)	ժայթքում	[ȝajtʰkʰúm]
Lava (f)	լավա	[láva]

Tornado (m)	տորնադո	[tornádo]
Wirbelsturm (m)	մրրկասյուն	[mrrkasjún]
Orkan (m)	մրրիկ	[mrrik]
Tsunami (m)	ցունամի	[tsʰunámi]
Zyklon (m)	ցիկլոն	[tsʰiklón]

22. Tiere. Teil 1

Tier (n)	կենդանի	[kendaní]
Raubtier (n)	գիշատիչ	[gišatíč]

Tiger (m)	վագր	[vagr]
Löwe (m)	առյուծ	[arjúts]
Wolf (m)	գայլ	[gajl]
Fuchs (m)	աղվես	[aġvés]
Jaguar (m)	հովազ	[hováz]

Luchs (m)	լուսան	[lusán]
Kojote (m)	կոյոտ	[kojót]
Schakal (m)	շնագայլ	[šnagájl]
Hyäne (f)	բորենի	[borení]

Eichhörnchen (n)	սկյուռ	[skjur]
Igel (m)	ոզնի	[vozní]
Kaninchen (n)	ճագար	[čagár]
Waschbär (m)	ջրարջ	[dʒrardʒ]

Hamster (m)	գերմանամուկ	[germanamúk]
Maulwurf (m)	խլուրդ	[xlurd]
Maus (f)	մուկ	[muk]
Ratte (f)	առնետ	[arnét]
Fledermaus (f)	չղջիկ	[čġdʒik]

Biber (m)	կուղբ	[kuġb]
Pferd (n)	ձի	[dzi]
Hirsch (m)	եղջերու	[eġdʒerú]
Kamel (n)	ուղտ	[uġt]
Zebra (n)	գերբ	[zebr]

Wal (m)	կետ	[ket]
Seehund (m)	փոկ	[pʰok]
Walroß (n)	ծովափիղ	[tsovapʰíġ]
Delfin (m)	դելֆին	[delfín]

Bär (m)	արջ	[ardʒ]
Affe (m)	կապիկ	[kapík]
Elefant (m)	փիղ	[pʰíġ]
Nashorn (n)	ռնգեղջյուր	[rngeġdʒjúr]
Giraffe (f)	ընձուղտ	[əndzúġt]

Flusspferd (n)	գետաձի	[getadzí]
Känguru (n)	ագևազ	[agevázl]
Katze (f)	կատու	[katú]
Hund (m)	շուն	[šun]

Kuh (f)	կով	[kov]
Stier (m)	ցուլ	[tsʰul]

| Schaf (n) | ոչխար | [vočχár] |
| Ziege (f) | այծ | [ajts] |

Esel (m)	ավանակ	[avanák]
Schwein (n)	խոզ	[χoz]
Huhn (n)	հավ	[hav]
Hahn (m)	աքլոր	[akʰlór]

Ente (f)	բադ	[bad]
Gans (f)	սագ	[sag]
Pute (f)	հնդկահավ	[hndkaháv]
Schäferhund (m)	հովվաշուն	[hovvašún]

23. Tiere. Teil 2

Vogel (m)	թռչուն	[tʰrčun]
Taube (f)	աղավնի	[aġavní]
Spatz (m)	ճնճղուկ	[čnčǧuk]
Meise (f)	երաշտահավ	[eraštaháv]
Elster (f)	կաչաղակ	[kačaǧák]

Adler (m)	արծիվ	[artsív]
Habicht (m)	շահեն	[šahén]
Falke (m)	բազե	[bazé]

Schwan (m)	կարապ	[karáp]
Kranich (m)	կռունկ	[krunk]
Storch (m)	արագիլ	[aragíl]
Papagei (m)	թութակ	[tʰutʰák]
Pfau (m)	սիրամարգ	[siramárg]
Strauß (m)	ջայլամ	[dʒajlám]

Reiher (m)	ձկնկուլ	[dzknkul]
Nachtigall (f)	սոխակ	[soχák]
Schwalbe (f)	ծիծեռնակ	[tsitsernák]
Specht (m)	փայտփորիկ	[pʰajtpʰorík]
Kuckuck (m)	կկու	[kəkú]
Eule (f)	բու	[bu]

Pinguin (m)	պինգվին	[pingvín]
Tunfisch (m)	թյունոս	[tʰjunnós]
Forelle (f)	իշխան	[išχán]
Aal (m)	օձաձուկ	[odzadzúk]

Hai (m)	շնաձուկ	[šnadzúk]
Krabbe (f)	ծովախեցգետին	[tsovaχetsʰgetín]
Meduse (f)	մեդուզա	[medúza]
Krake (m)	ութոտնուկ	[utʰotnúk]
Seestern (m)	ծովաստղ	[tsovástǧ]
Seeigel (m)	ծովոզնի	[tsovozní]

Seepferdchen (n)	ծովաձի	[tsovadzí]
Garnele (f)	մանր ծովախեցգետին	[mánr tsovaχetsʰgetín]

Schlange (f)	օձ	[odz]
Viper (f)	իժ	[iʒ]
Eidechse (f)	մողես	[moǵés]
Leguan (m)	իգուանա	[iguána]
Chamäleon (n)	քամելեոն	[kʰameleón]
Skorpion (m)	կարիճ	[karíč]

Schildkröte (f)	կրիա	[kriá]
Frosch (m)	գորտ	[gort]
Krokodil (n)	կոկորդիլոս	[kokordilós]
Insekt (n)	միջատ	[midʒát]
Schmetterling (m)	թիթեռ	[tʰitʰér]
Ameise (f)	մրջուն	[mrdʒun]
Fliege (f)	ճանճ	[čanč]

Mücke (f)	մոծակ	[motsák]
Käfer (m)	բզեզ	[bzez]
Biene (f)	մեղու	[meǵú]
Spinne (f)	սարդ	[sard]
Marienkäfer (m)	զատիկ	[zatík]

24. Flora. Bäume

Baum (m)	ծառ	[tsar]
Birke (f)	կեչի	[kečí]
Eiche (f)	կաղնի	[kaǵní]
Linde (f)	լորի	[lorí]
Espe (f)	կաղամախի	[kaǵamaχí]

Ahorn (m)	թխկի	[tʰχki]
Fichte (f)	եղեվնի	[eǵevní]
Kiefer (f)	սոճի	[sočí]
Zeder (f)	մայրի	[majrí]

Pappel (f)	բարդի	[bardí]
Vogelbeerbaum (m)	սնձենի	[sndzení]
Buche (f)	հաճարենի	[hačarení]
Ulme (f)	ծփի	[tspʰi]

Esche (f)	հացենի	[hatsʰení]
Kastanie (f)	շագանակենի	[šaganakení]
Palme (f)	արմավենի	[armavení]
Strauch (m)	թուփ	[tʰupʰ]

Pilz (m)	սունկ	[sunk]
Giftpilz (m)	թունավոր սունկ	[tʰunavór sunk]
Steinpilz (m)	սպիտակ սունկ	[spiták súnk]

Täubling (m)	դառնամատիտեղ	[darnamatitéǵ]
Fliegenpilz (m)	ճանճասպան	[čančaspán]
Grüner Knollenblätterpilz	թունավոր սունկ	[tʰunavór sunk]

Blume (f)	ծաղիկ	[tsaǵík]
Blumenstrauß (m)	ծաղկեփունջ	[tsaǵkepʰúndʒ]
Rose (f)	վարդ	[vard]
Tulpe (f)	վարդակակաչ	[vardakakáč]
Nelke (f)	մեխակ	[meχák]

Kamille (f)	երիցուկ	[eritsʰúk]
Kaktus (m)	կակտուս	[káktus]
Maiglöckchen (n)	հովտաշուշան	[hovtašušán]
Schneeglöckchen (n)	ձնծաղիկ	[dzntsaǵík]
Seerose (f)	ջրաշուշան	[dʒrašušán]

Gewächshaus (n)	ջերմոց	[dʒermótsʰ]
Rasen (m)	գազոն	[gazón]
Blumenbeet (n)	ծաղկաթումբ	[tsaǵkatʰúmb]

Pflanze (f)	բույս	[bujs]
Gras (n)	խոտ	[χot]
Blatt (n)	տերև	[terév]
Blütenblatt (n)	թերթիկ	[tʰertʰík]
Stiel (m)	ցողուն	[tsʰoǵún]
Jungpflanze (f)	ծիլ	[tsil]

Getreidepflanzen (pl)	հացահատիկային բույսեր	[hatsʰahatikajín bujsér]
Weizen (m)	ցորեն	[tsʰorén]
Roggen (m)	տարեկան	[tarekán]
Hafer (m)	վարսակ	[varsák]

Hirse (f)	կորեկ	[korék]
Gerste (f)	գարի	[garí]
Mais (m)	եգիպտացորեն	[egiptatsʰorén]
Reis (m)	բրինձ	[brindz]

25. Verschiedene nützliche Wörter

Anfang (m)	սկիզբ	[skizb]
Anstrengung (f)	ջանք	[dʒankʰ]
Anteil (m)	մաս	[mas]
Art (Typ, Sorte)	ձև	[dzev]
Auswahl (f)	ընտրություն	[əntrutʰjún]

Basis (f)	հիմք	[himkʰ]
Beispiel (n)	օրինակ	[orinák]
Bilanz (f)	հավասարակշռություն	[havasarakšrutʰjún]
dringend (Adj)	շտապ	[štap]

Effekt (m)	արդյունք	[ardjúnkʰ]
Eigenschaft (Werkstoff~)	հատկություն	[hatkutʰjún]
Element (n)	տարր	[tarr]
Entwicklung (f)	զարգացում	[zargatsʰúm]
Fachwort (n)	տերմին	[termín]
Fehler (m)	սխալմունք	[sχalmúnkʰ]

Form (z.B. Kugel-)	տեսք	[teskʰ]
Fortschritt (m)	առաջադիմություն	[aradʒadimutʰjún]
Geheimnis (n)	գաղտնիք	[gaġtníkʰ]
Grad (Ausmaß)	աստիճան	[astičán]

Halt (m), Pause (f)	ընդմիջում	[əndmidʒúm]
Hilfe (f)	օգնություն	[ognutʰjún]
Ideal (n)	իդեալ	[ideál]
Kategorie (f)	տեսակ	[tesák]
Lösung (Problem usw.)	լուծում	[lutsúm]

Moment (m)	պահ	[pah]
Nutzen (m)	օգուտ	[ogút]
Pause (kleine ~)	դադար	[dadár]

Position (f)	դիրք	[dirkʰ]
Problem (n)	խնդիր	[χndir]

Prozess (m)	ընթացք	[əntʰátsʰkʰ]
Reaktion (f)	ռեակցիա	[reáktsʰia]
Reihe (Sie sind an der ~)	հերթականություն	[hertʰakanutʰjún]

Risiko (n)	ռիսկ	[risk]
Serie (f)	շարք	[šarkʰ]

Situation (f)	իրադրություն	[iradrutʰjún]
Standard-	ստանդարտային	[standartajín]
Stil (m)	ոճ	[voč]

Hindernis (n)	խոչընդոտ	[χočəndót]
System (n)	համակարգ	[hamakárg]

Tabelle (f)	աղյուսակ	[aġjusák]
Tatsache (f)	փաստ	[pʰast]
Tempo (n)	տեմպ	[temp]

Unterschied (m)	տարբերություն	[tarberutʰjún]
Variante (f)	տարբերակ	[tarberák]

Vergleich (m)	համեմատություն	[hamematutʰjún]
Wahrheit (f)	ճշմարտություն	[čšmartutʰjún]
Weise (Weg, Methode)	միջոց	[midʒótsʰ]
Zone (f)	հատված	[hatváts]
Zufall (m)	համընկնում	[hamənknúm]

26. Adjektive. Teil 1

ähnlich	նման	[nman]
alt (z.B. die -en Griechen)	հնամյա	[hnamjá]
alt, betagt	ծեր	[tser]
andauernd	տևական	[tevakán]
arm	աղքատ	[aǵkʰát]
ausgezeichnet	գերազանց	[gerazántsʰ]
Außen-, äußer	արտաքին	[artakʰín]
bitter	դառը	[dárə]
blind	կույր	[kujr]
der letzte	վերջին	[verdžín]
dicht (-er Nebel)	թանձր	[tʰandzr]
dumm	հիմար	[himár]
einfach (Problem usw.)	հեշտ	[hešt]
eng, schmal (Straße usw.)	նեղ	[neǵ]
ergänzend	լրացուցիչ	[lratsʰutsʰíč]
flüssig	ջրալի	[džráli]
fruchtbar (-er Böden)	բերքառատ	[berkʰarát]
gebraucht	օգտագործված	[ogtagortsváts]
gebräunt (sonnen-)	արևառ	[arevár]
gefährlich	վտանգավոր	[vtangavór]
gegensätzlich	հակառակ	[hakarák]
genau, pünktlich	ճշգրիտ	[čšgrit]
gerade, direkt	ուղիղ	[uǵíǵ]
geräumig (Raum)	ընդարձակ	[əndardzák]
gesetzlich	օրինական	[orinakán]
gewöhnlich	հասարակ	[hasarák]
glatt (z.B. poliert)	հարթ	[hartʰ]
glücklich	երջանիկ	[erdžaník]
groß	մեծ	[mets]
hart (harter Stahl)	կոշտ	[košt]
Haupt-	գլխավոր	[glχavór]
hauptsächlich	հիմնական	[himnakán]
Heimat-	հայրենի	[hajrení]
höflich	հարգալից	[hargalítsʰ]
innen-	ներքին	[nerkʰín]
Kinder-	մանկական	[mankakán]
klein	փոքր	[pʰokʰr]
klug, clever	խելացի	[χelatsʰí]
kompatibel	համատեղելի	[hamateǵelí]
kostenlos, gratis	անվճար	[anvčár]
krank	հիվանդ	[hivánd]
künstlich	արհեստական	[arhestakán]

109

kurz (räumlich)	կարճ	[karč]
lang (langwierig)	երկար	[erkár]
laut (-e Stimme)	բարձր	[bardzr]

lecker	համեղ	[haméǵ]
leer (kein Inhalt)	դատարկ	[datárk]
leicht (wenig Gewicht)	թեթև	[tʰetʰév]
leise (~ sprechen)	ցածր	[tsʰatsr]
link (-e Seite)	ձախ	[dzaχ]

27. Adjektive. Teil 2

matt (Lack usw.)	փայլատ	[pʰajlát]
möglich	հնարավոր	[hnaravór]
nächst (am -en Tag)	հաջորդ	[hadʒórd]
negativ	բացասական	[batsʰasakán]
neu	նոր	[nor]

nicht schwierig	դյուրին	[djurín]
normal	նորմալ	[normál]
obligatorisch, Pflicht-	պարտադիր	[partadír]
offen	բաց	[batsʰ]
öffentlich	հասարակական	[hasarakakán]

original (außergewöhnlich)	յուրօրինակ	[jurorinák]
persönlich	անձնական	[andznakán]
rätselhaft	հանելուկային	[hanelukajín]
recht (-e Hand)	աջ	[adʒ]
reif (Frucht usw.)	հասած	[hasáts]

riesig	հսկա	[hska]
riskant	ռիսկային	[riskajín]
roh (nicht gekocht)	հում	[hum]
sauber (rein)	մաքուր	[makʰúr]
sauer	թթու	[tʰtʰu]
scharf (-e Messer usw.)	սուր	[sur]

schlecht	վատ	[vat]
schmutzig	կեղտոտ	[keǵtót]
schnell	արագ	[arág]
schön (-es Mädchen)	գեղեցիկ	[geǵetsʰík]
schwierig	բարդ	[bard]
seicht (nicht tief)	ծանծաղ	[tsantsáǵ]

selten	հազվագյուտ	[hazvagjút]
speziell, Spezial-	հատուկ	[hatúk]
stark (-e Konstruktion)	ամուր	[amúr]
stark (kräftig)	ուժեղ	[uʒéǵ]
süß	քաղցր	[kʰaǵtsʰr]
Süß- (Wasser)	քաղցրահամ	[kʰaǵtsʰrahám]

tiefgekühlt	սառեցված	[saretsʰváts]
tot	մեռած	[meráts]
traurig, unglücklich	տխուր	[txur]
übermäßig	գեր	[ger]
unbeweglich	անշարժ	[anšárʒ]

undeutlich	ոչ պարզ	[voč parz]
Untergrund- (geheim)	ընդհատակյա	[əndhatakjá]
voll (gefüllt)	լի	[li]
vorig (in der -en Woche)	անցյալ	[antsʰjál]
vorzüglich	հիանալի	[hianalí]

wahrscheinlich	հավանական	[havanakán]
weich (-e Wolle)	փափուկ	[pʰapúk]
wichtig	կարևոր	[karevór]
zentral (in der Mitte)	կենտրոնական	[kentronakán]
zerbrechlich (Porzellan usw.)	փխրուն	[pʰχrun]
zufrieden	գոհ	[goh]

28. Verben. Teil 1

abbiegen (nach links ~)	թեքվել	[tʰekʰvél]
abbrechen (vi)	դադարեցնել	[dadaretsʰnél]
abhängen von …	կախված լինել	[kaχváts linél]
abschaffen (vt)	չեղարկել	[čeǵarkél]
abschicken (vt)	ուղարկել	[uǵarkél]

ändern (vt)	փոխել	[pʰoχél]
Angst haben	վախենալ	[vaχenál]
anklagen (vt)	մեղադրել	[meǵadrél]
ankommen (vi)	ժամանել	[ʒamanél]
ansehen (vt)	նայել	[naél]
antworten (vi)	պատասխանել	[patasχanél]

ankündigen (vt)	հայտարարել	[hajtararél]
arbeiten (vi)	աշխատել	[ašχatél]
auf … zählen	հույս դնել … վրա	[hujs dnel … vra]
aufbewahren (vt)	պահպանել	[pahpanél]
aufräumen (vt)	մաքրել	[makʰrél]

ausschalten (vt)	անջատել	[andʒatél]
bauen (vt)	կառուցել	[karutsʰél]
beenden (vt)	ավարտել	[avartél]
beginnen (vt)	սկսել	[sksel]
bekommen (vt)	ստանալ	[stanál]

besprechen (vt)	քննարկել	[kʰnnarkél]
bestätigen (vt)	հաստատել	[hastatél]
bestehen auf	պնդել	[pndel]

beten (vi)	աղոթել	[ağotʰél]
beweisen (vt)	ապացուցել	[apatsʰutsʰél]
brechen (vt)	կոտրել	[kotrél]

danken (vi)	շնորհակալություն հայտնել	[šnorhakalutʰjún hajtnél]
denken (vi, vt)	մտածել	[mtatsél]
einladen (vt)	հրավիրել	[hravirél]
einschalten (vt)	միացնել	[miatsʰnél]
einstellen (vt)	դադարեցնել	[dadaretsʰnél]

entscheiden (vt)	որոշել	[vorošél]
entschuldigen (vt)	ներել	[nerél]
erklären (vt)	բացատրել	[batsʰatrél]
erlauben, gestatten (vt)	թույլատրել	[tʰujlatrél]
ermorden (vt)	սպանել	[spanél]

erzählen (vt)	պատմել	[patmél]
essen (vi, vt)	ուտել	[utél]
existieren (vi)	գոյություն ունենալ	[gojutʰjún unenál]
fallen (vi)	ընկնել	[ənknél]
fallen lassen	վայր գցել	[vájr gtsʰel]

fangen (vt)	բռնել	[brnel]
fehlen (am Arbeitsplatz ~)	բացակայել	[batsʰakaél]
finden (vt)	գտնել	[gtnel]
fliegen (vi)	թռչել	[tʰrčel]
fragen (vt)	հարցնել	[hartsʰnél]
frühstücken (vi)	նախաճաշել	[naxačašél]

29. Verben. Teil 2

geben (vt)	տալ	[tal]
geboren sein	ծնվել	[tsnvel]
gefallen (vi)	դուր գալ	[dur gal]
gehen (zu Fuß gehen)	գնալ	[gnal]
gehören (vi)	պատկանել	[patkanél]

glauben (vt)	հավատալ	[havatál]
graben (vt)	փորել	[pʰorél]
gratulieren (vi)	շնորհավորել	[šnorhavorél]

haben (vt)	ունենալ	[unenál]
hassen (vt)	ատել	[atél]
helfen (vi)	օգնել	[ognél]
hoffen (vi)	հուսալ	[husál]
hören (vt)	լսել	[lsel]
jagen (vi)	որս անել	[vors anél]
kaufen (vt)	գնել	[gnel]
kennen (vt)	ճանաչել	[čanačél]

klagen (vi)	գանգատվել	[gangatvél]
können (v mod)	կարողանալ	[karoğanál]
können (v mod)	կարողանալ	[karoğanál]
kopieren (vt)	պատճենել	[patčenél]

kosten (vt)	արժենալ	[arʒenál]
kränken (vt)	վիրավորել	[viravorél]
lächeln (vi)	ժպտալ	[ʒptal]
laufen (vi)	վազել	[vazél]
lernen (vt)	ուսումնասիրել	[usumnasirél]

lesen (vi, vt)	կարդալ	[kardál]
lieben (vt)	սիրել	[sirél]
löschen (vt)	հեռացնել	[heratsʰnél]
machen (vt)	անել	[anél]
mieten (Haus usw.)	վարձել	[vardzél]

müde werden	հոգնել	[hognél]
nehmen (vt)	վերցնել	[vertsʰnél]
noch einmal sagen	կրկնել	[krknel]
öffnen (vt)	բացել	[batsʰél]
prüfen (vt)	ստուգել	[stugél]
rechnen (vt)	հաշվել	[hašvél]

reservieren (vt)	ամրագրել	[amragrél]
retten (vt)	փրկել	[pʰrkel]
sagen (vt)	ասել	[asél]
schaffen (Etwas Neues zu ~)	ստեղծել	[steğtsél]
schießen (vi)	կրակել	[krakél]
schlagen (vt)	հարվածել	[harvatsél]

schließen (vt)	փակել	[pʰakél]
schreiben (vi, vt)	գրել	[grel]
schreien (vi)	բղավել	[bġavél]
schwimmen (vi)	լողալ	[loğál]
sehen (vi, vt)	տեսնել	[tesnél]

30. Verben. Teil 3

sich beeilen	շտապել	[štapél]
sich beeilen	շտապել	[štapél]
sich entschuldigen	ներողություն խնդրել	[neroğutʰjún χndrél]
sich irren	սխալվել	[sχalvél]
sich prügeln	կռվել	[krvel]
sich scheiden lassen	ամուսնալուծվել	[amusnalutsvél]

sich setzen	նստել	[nstel]
sich treffen	հանդիպել	[handipél]
gehorchen (vi)	ենթարկվել	[entʰarkvél]

singen (vt)	դայլայլել	[dajlajlél]
spielen (vi, vt)	խաղալ	[xaġál]
sprechen (vi)	խոսել	[xosél]

sprechen mit …	խոսել … հետ	[xosél … het]
stehlen (vt)	գողանալ	[goġanál]
sterben (vi)	մահանալ	[mahanál]
stören (vt)	անհանգստացնել	[anhangstatsʰnél]
tanzen (vi, vt)	պարել	[parél]
tauchen (vi)	սուզվել	[suzvél]

täuschen (vt)	խաբել	[xabél]
teilnehmen (vi)	մասնակցել	[masnaktsʰél]
trinken (vt)	ըմպել	[əmpél]
trocknen (vt)	չորացնել	[čoratsʰnél]
übersetzen (Buch usw.)	թարգմանել	[tʰargmanél]
unterschreiben (vt)	ստորագրել	[storagrél]

verachten (vt)	արհամարհել	[arhamarhél]
verbieten (vt)	արգելել	[argelél]
vergessen (vt)	մոռանալ	[moranál]
vergleichen (vt)	համեմատել	[hamematél]
verkaufen (vt)	վաճառել	[vačarél]
verlangen (vt)	պահանջել	[pahandʒél]

| verlieren (Regenschirm usw.) | կորցնել | [kortsʰnél] |

verneinen (vt)	ժխտել	[ʒxtel]
versäumen (vt)	բաց թողնել	[batsʰ tʰoġnél]
verschwinden (vi)	անհայտանալ	[anhajtanál]
versprechen (vt)	խոստանալ	[xostanál]
verstecken (vt)	թաքցնել	[tʰakʰtsʰnél]

verstehen (vt)	հասկանալ	[haskanál]
versuchen (vt)	փորձել	[pʰordʒél]
vertrauen (vi)	վստահել	[vstahél]
verzeihen (vt)	ներել	[nerél]
voraussehen (vt)	կանխատեսել	[kanxatesél]
vorschlagen (vt)	առաջարկել	[aradʒarkél]

wählen (vt)	ընտրել	[əntrél]
warten (vi)	սպասել	[spasél]
weinen (vi)	լացել	[latsʰél]
wissen (vt)	իմանալ	[imanál]
Witz machen	կատակել	[katakél]
wollen (vt)	ուզենալ	[uzenál]
zahlen (vt)	վճարել	[včarél]

zeigen (jemandem etwas)	ցույց տալ	[tsʰújtsʰ tal]
zu Abend essen	ընթրել	[əntʰrél]
zu Mittag essen	ճաշել	[čašél]
zubereiten (vt)	պատրաստել	[patrastél]

| zustimmen (vi) | համաձայնվել | [hamadzajnvél] |
| zweifeln (vi) | կասկածել | [kaskatsél] |

www.ingramcontent.com/pod-product-compliance
Lightning Source LLC
Chambersburg PA
CBHW060024050426
42448CB00012B/2861